아들아,

삶에 지치고 힘들 때
이 글을 읽어라

Dear.

아들아,
삶에 지치고 힘들 때
이 글을 읽어라

My Son

어느 대학병원 교수가 아들에게 들려주는
세상사 인생 법칙

윤태진 지음

다연
DAYEONBOOK

Prologue

아빠는 오늘 너에게 글을 남기기로 했어.

오늘 아침, 너는 아빠에게 말했지.

"아빠, 나랑 놀자. 한국 돌아가면 못 놀잖아. 그러니까 지금 나랑 놀자."

그래. 네 말은 제법 설득력 있었어. 네 말을 듣자마자 아빠는 너와 마주 앉아 블록으로 로봇을 만들었으니까. 직육면체로 된 몸통과 팔다리와 머리를 가진 그 멋진 로봇을 말이야.

솔직히 말하면, 네 말은 굉장히 설득력이 있었어. 네 말을 들었을 때, 아빠 머릿속에는 아빠의 아빠, 그러니까 네 할아버지의 무덤 앞에서 울고 있던 아빠 모습이 퍼뜩 스쳐 지나갔거든.

너는 만난 적 없지만, 아빠에게도 아빠가 있었단다. 살다가 지치고 힘들 때, 더 이상 나아가야 할 길이 보이지 않을 때, 아빠는 그럴 때마다 고향에 있는 네 할아버지의 무덤을 찾았지. 네 할아버지가 살아생전에 좋아하셨던, 하지만 마음 편히 드시지 못했던 육포를 안주로 올리고 소주 한 잔을 따라 올린 후 그 앞에서 목놓아 울곤 했어. 힘들다고, 사는 게 너무 힘들다고, 이젠 정말 지쳤다고, 어떻게 해야 할지 도무지 모르겠다고, 아버지가 말해준 정직과 성실만으로 버티기에는 세상이 너무 버겁다고, 제발 거기에 누워만 계

시지 말고 나와서 힘들어하는 아들에게 무슨 말이라도 좀 해달라고 통곡했단다. 그렇게 울다 지치면, 넋 놓고 앉아 있다가 해 질 녘이 되어서야 일어나 발길을 돌리곤 했지.

그래. 네 말이 맞아. 아빠가 너와 놀아주지 못했네. 아빠는 자정이 넘어 집에 돌아와서는 마트 할인 행사 때 산 쥐포를 안주 삼아 소주 한 잔 마시고 녹초가 된 채 잠들기 일쑤였지. 주말에도 함께 놀아달라는 너의 애원을 뒤로하고, 너에게 게임기를 들려준 채 아빠는 또 일터로 향하곤 했지.

한국에 돌아간다면, 또다시 그런 삶이 반복되겠지. 다시 너와 놀아주기 힘들 거야. 새벽부터 밤까지 정신없이 일해도 언제나 시간은 부족할 테니까. 출근 전, 그리고 퇴근 후에 잠든 널 내려다보는 그 잠깐의 시간이 그나마 너와 마주할 수 있는 유일한 순간일 테니까.

세상으로의 활공을 위해 날갯짓 연습을 하는 네 곁에서 아빠는 있어주기 힘들 거야. 네가 제대로 된 날갯짓을 하지 못해 나무에서 떨어질 때도 아빠는 옆에 있어주기 힘들겠지. 세상일은 어찌 될지 모르니, 네가 아빠의 무덤 앞에서 슬피 울고 있게 될 날이 그리 멀지 않을지도 모르겠구나.

그래서 아빠는 오늘 네게 글을 쓰기로 마음먹었다.

물론 글을 쓰려는 이유에는 그 외 몇 가지가 더 있어.

그중 하나는 '단 한 번뿐인 그 삶이라는 것의 의미를 100퍼센트 안다는 게 불가능한 것은 아닐까?' 하는 의구심 때문이야. 사람들은 말하지. 삶은 산다는 것 그 자체로 완전한 거라고 말이야. 하지만 과연 그럴까? 단 한 번의 삶으로 인간은 완전한 삶을 살아낼 수 있을까? 과연 마지막 숨을 내쉬는 그 순간 우리는 모든 것을 받아들일 수 있을까? 그러면서 인생의 마지막 순간 평안히 미소하며 눈감을 수 있을까? 유일하게 움직이는 몸뚱이일지도 모를 저 아래 꼼지락거리는 발가락들을 바라보며 웃음 지을 수 있을까?

아니, 그러지 못할 거 같아. 적어도 아빠는 그러지 못할 것 같아. 아빠 생각에는 삶이 그렇게 호락호락한 것 같지 않거든. 아빠 눈에 보이는 삶이라는 것은 말이야, 아득하게 치솟아 꼭대기가 가려진, 절대 오를 수 없는 아주 높은 산처럼 보여. 밥 아저씨가 "어때요? 참 쉽죠?" 하면서 그리던 눈과 구름에 가려진 그런 산 말이야. 과연 우리 인간 중 누가 단 한 번의 삶으로 그런 산꼭대기에 오를 수 있을까? 아니, 산 중턱까지라도 갈 수나 있을까? 아빠는 의심스러워. 그동안 들어왔던 인생이라는 것이 완전하고 아름답다고 말해주던 세상의 이야기들이 정말 맞는 말일까? 은연중에 교육받고 강요받은 '삶의 완전성'이라는 믿음에 아빠는 정말 의구심이 든단 말이지.

아빠의 글은 이 의구심에서 시작해. 아빠의 글을 통해 인생을 사는 데 도움 되기를, 네가 좀 더 효율적으로 삶이라는 산에 오르기를 바라. 아빠는 산의 초입에서부터 길을 다지고, 쉼터도 만들 거야. 너는 아빠의 길을 따라 산에 올라라. 아빠보다는 좀 더 힘을 아끼며 좀 더 편안히 쉬기도 하며, 좀 더 높은 곳까지 길을 만들길 바라. 또 그곳에 또 다른 쉼터를 만들길 바라. 아빠가 해주는 말들을 마음에 새긴다면, 그래서 굳이 가지 않아도 될 길을 네가 알게 된다면, 너는 아빠보다 더 멀리 갈 수 있을 거야. 내 아들인 네가, 그리고 네 아들이, 또 네 아들의 아들이 조금씩 길을 만들어낸다면 언젠가 우리는 그 꼭대기에 다다를 수 있지 않을까?

처음에는 아빠가 삶의 길을 더 걸어간 후 글을 남기는 게 낫지 않을까 생각했어. 이 아빠도 아직 어린 게 아닐까 하는 생각도 했단다. 아빠의 삶에서 지금의 시기는, 감성은 이미 오래전에 약해져 얼마 남아 있지 않고, 지성은 이제 내리막길의 초입을 지나고 있고, 관록은 이제 꽃잎을 막 피우려는 때란다. 지금보다 어릴 적의 아빠 마음속에는 너무 많은 혼란이 있었어. 그때는 어디로 튈지 알 수 없는 시기였지. 그리고 이제야 비로소 아빠 마음속에 약간의 안정이 자리 잡았고, 말 몇 마디 정도는 웃으면서 할 수 있게 되었지. 아마도 지금보다 시간이 더 지난 후의 아빠는 더욱 강력히 안정을 추구하려 할 것이고, 나태와 타성의 유혹에 빠질 거야. 그렇기에 바로 지금 이 글을 네게 남겨 하나의 이정표이자 쉼터를 만들려고 하는 거야.

너에게 글을 남기려는 또 다른 이유는 세상에 너무 많은 정보가 넘쳐나고 있기 때문이야. 이 수많은 정보 중에 도움 될 정보를 찾기란 쉽지 않단다. 인터넷을 통해 어마어마한 정보가 흘러 다니고 있는 오늘날 올바른 인생길 정보를 찾아낸다는 것은 거의 불가능해졌어. 과거에는 선택된 일부 양질의 정보만이 책으로 만들어졌기에 그나마 나았지. 하지만 오늘날 정보량이 지나치게 많아지면서 쓸모없거나 해로운 정보들이 올바른 정보를 찾으려는 우리의 눈을 가리고, 우리의 학습 에너지를 소비하게 만들고 있지.

올바른 정보를 습득하기는커녕 그것들이 어디에 숨어 있는지 찾아내기에도 삶은 너무 짧단다. 그렇기에 아빠는 아빠의 삶을 통해 배운 가장 중요한 것들을 하나씩 이야기하려 해. 물론 이 글의 내용대로 삶을 살라는 건 아니다. 이 글은 하나의 조언일 뿐 네 인생의 모든 길은 너 스스로 만들어가면 될 거야. 어찌 보면 이 글은 '이 길로 가면 때론 낭떠러지 아래로 떨어질 수도 있음' 정도의 이정표가 될 수 있겠구나. 아빠는 가진 것 딱히 없이 시작하여 좌절과 절망이라는 인생의 웅덩이와 늪을 지나왔단다. 그런 만큼 너는 아빠가 빠져서 허우적댔던 저 웅덩이와 늪을 피해 가길 바란다. 그렇게 너의 길을 만들어가거라. 그래서 아빠보다 조금이라도 더 멀리 가보렴.

아들아, 삶에 지치고 힘들 때 이 글을 읽어라. 네 할아버지의 무덤에 찾아가 바보처럼 울기만 한 아빠의 모습은 따라 하지 말거라. 너는 어리석었던 아빠와 다르게 언젠가 내가 옆에 없을 수 있음을 알아챈 똑똑한 아들이니까.

다시 말하지만, 오늘 아침 네 말은 굉장히 설득력 있었어.

아빠가

10만 부 기념 리커버 에디션의 출판에 부쳐
모든 독자님께 감사의 말씀을 드립니다.

결핍으로 인해 지치고 힘든 우리네 모두의 삶이
언젠가 지혜의 빛으로 밝게 빛나길 기원합니다.

감사합니다.

2024년 6월 윤태진 올림

contents

아들아,
삶에 지치고 힘들 때
이 글을 읽어라

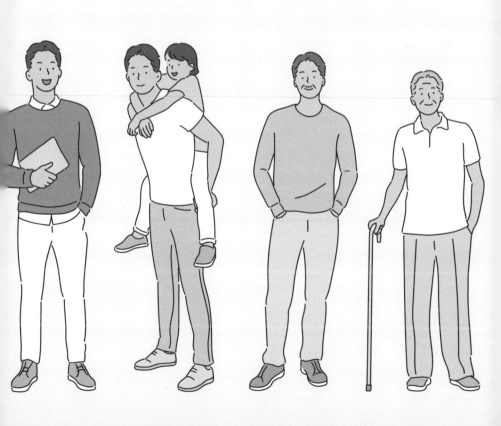

마음껏 경험해라

글자가 없을뿐더러 낼 수 있는 소리라고는 울음소리밖에 없던 그 시절, 그래서 지식이라는 것이 공유되지 못하고 후세에게 전달될 수 없던 그 시절, 우리는 오로지 경험에 의존해서 살았어. 그리고 우리는 살아남았지.

오늘날, 우리 삶의 지혜 대부분 역시 경험에서 우러나온단다. 네가 원하는 삶을 살거라. 네 경험을 통해 삶의 지혜를 배우거라. 세상에서 가장 훌륭한 지혜는 몸소 겪은 경험에서 나온다는 사실을 잊지 말거라. 기쁨과 슬픔을 맛보고, 성공과 실패를 맛보며, 그렇게 커나아가거라. 마음껏 너의 삶을 살아보렴.

<u>아빠는 말한다.</u> **나 가 라 . 싸 워 라 . 그 리 고 배 워 라 .**

인정을 받아라

인간은 동물과 다르지. 많은 사람이 여러 관점에서 인간과 동물의 차이점을 이야기하지만, 아빠 눈에 비친 인간이 동물과 구분되는 가장 큰 특징은 인정받고 싶은 욕구를 가지고 있다는 점이야. 인정이라는 말이 너무 매몰차게 느껴진다면, 사랑이라는 말로 대신해도 좋아. 그리고 앞으로 인정이라는 말이 나올 때, 사랑이라는 말로 바꾸어 읽어도 좋아. 자아의 인식에 뿌리를 둔 이 욕구는 오직 생존을 목표로 하는 동물과 차별되는 인간의 특성이거든.

잘난 사람이든 못난 사람이든, 돈이 많든 적든, 잘생겼든 못생겼든 상관없이 누구나 자신의 존재 가치를 인정받고 싶어 하지. 그러니 타인을 대할 때에는 이 사실을 염두에 두거라. 인간 사이에 벌어지는 거의 모든 일을 이 '인정'이라는 관점에서 바라보면 아주 쉽게 이해할 수 있단다.

인정을 해주는 주체는 크게 둘이야. 타인 그리고 나 자신! 타인에게 인정받고 나 자신에게 인정받을 때 '나는 잘 살고 있다'고 느낀단다. 남에게 인정받고자 하는 욕구는 명예로 현실화가 되지. 나에게 인정받고자 하는 욕구는 자존감으로 현실화가 되고.

하지만 살다 보면 이 둘의 인정을 받는 것이 그리 녹록지 않음을 알게 될 거야. 남에게 인정받기 위해서는 나 자신에게서 받는 인정을 어느 정도 포기해야 해. 반대로, 나에게 인정받으려면, 남에게서 받는 인정을 어느 정도 포기해야 하고.

어떤 이는 남에게서 더 큰 인정을 받기 위해 자신에게서 받는 인정을 아예 포기한단다. 자신의 깊은 내면이 말하는 소리에 귀를 닫아버린 채 사람으로서 해서는 안 될 짓을 저지르고, 자신의 자존심에 생채기를 내면서 불을 좇는 나방처럼 세상의 명예를 좇기도 해. 그리고 언젠가 의식의 깊은 곳에서, 무의식 속에 억압되어 있던 자신에게 인정받고자 하는 욕구가 튀어나오면 '나는 왜 이 따위 사람이 되었는가' 하는 회한에 휩싸이지.

어떤 이는 자신에게 지나친 인정을 받고 싶어서, 남들에게 받는 인정을 아예 포기해. 세상의 소리에 신경을 끄고, 자신에게 인정받기만을 추구하지. 그리고 그렇게 혼자만의 세상에 갇힌단다. 하지만 남에게 받는 인정이라는 것은 거부할 수 없는 인간의 기본적인 욕구이기 때문에 완벽히 잠재울 순 없어. 자신에 대한 세상의 평판에 쓰이는 신경을 차단하고 나서 처음에는 그동안 느껴왔던 중압감에서 벗어나 자유로움과 안도감을 느끼겠지만, 시간이 지나면 나에 대한 세상의 인정이 다시 그리워지게 마련이거든.

결국 남들에게 받는 인정과 나 자신에게 받는 인정이 조화를 이

룰 때, 마음이 평온해지고 사람다운 삶을 살아갈 수 있단다. 이 양쪽의 인정은 마치 '인정 총량 보존의 법칙'이라도 있는 듯, 하나를 추구하면 다른 것을 잃게 되는 것처럼 보이지. 하지만 조심스럽고 현명하게 대처한다면, 삶에서 두 가지 모두 손에 넣을 수 있을 거야. 그러기 위해 애를 쓰는 것이 바로 삶이지.

아빠는 말한다.

남들에게 그리고 나 자신에게 인정받아라.

욕하지 마라

사람들은 말하지. 가끔 욕도 하면서 사는 거라고, 그렇게 하지 않으면 화병 걸린다고……. 그러나 아들아, 너는 그러지 말거라. 욕하지 말고, 비난하지 말고, 불평하지 말거라. 남이 듣기 싫은 소리를 하지 말거라.

거듭 말하지만, 인간에게 가장 중요한 욕구는 인정받고자 하는 거다. 한마디로 인간은 인정받기 위해 산다고 해도 과언이 아니야. 권력에 대한 욕구, 명예에 대한 욕구, 학문에 대한 욕구, 예술에 대한 욕구 등도 다 여기에서 나오지.

인정받고자 하는 욕구는 인간이 사회적 동물로 진화하고 문명이 진화할수록 더욱 커지고 있어. 오늘날, 모든 사람이 타인의 정보를 공유하면서 공동체 안에서의 자기 위치를 바로 인식할 수 있는데, 그 공동체에서 자신이 쓸모없는 존재로 전락하는 것에 대해 극도의 공포심을 가지고 있지. 그래서일까. 사람들은 SNS를 비롯한 많은 소셜미디어에 자기 일상을 사사건건 올리잖니. 분명, 이런 행위는 자신을 인정해달라는 외침이야.

옛날에는 소규모로 구성된 공동체 속에서 자신의 가치를 인정받을 기회가 많았어. 그러나 지금은 사정이 달라졌지. 앞으로 공동체의 규모가 더 커질수록, 공동체 구성원 간 거리가 더 멀어질수록 공동체 안에서 자신의 가치를 인정받을 기회는 더 적어질 거야. 그에 따라 사람들의 인정받고 싶은 욕구는 더욱 커질 테고.

그러니 타인을 상대로 비난하거나 불평하지 말거라. 그것은 사람의 깊은 내면에 날카로운 칼을 꽂는 짓이야. '그 사람은 좋은 사람이니 그렇게 받아들이지 않을 겁니다', '그 사람은 현명한 사람이니 저의 진심을 믿을 겁니다'라며 순진하게 긍정적으로 생각하지 말거라.

사람 대부분은 네 충고를 듣지 않을뿐더러 자신의 허물을 벗으려고도, 인정하려고도 하지 않아. 인간이란 네가 교과서에서 배운 것처럼 그렇게 말 잘 듣는 존재가 아니거든. 네가 비난하고 불평한다 해도, 혹은 진심 어린 충고를 한다 해도 사람들은 "제가 잘못했으니 고쳐야겠군요. 잘못을 지적해줘서 감사합니다"라며 교과서에 나올 법한 대답을 하지 않는단다.

백 번 하는 말에 한 번 들을까 말까 하는 게 인간 속성이란다. 대체로 사람은 변하지 않아. 남녀노소를 불문하고 내면 깊숙한 곳에 존재하는 자기만의 본성은 변하지 않지. 괜히 선심(善心)으로 좋은 소리 건넨 너만 욕먹을 뿐이야. 네 충고로써 상대가 자신의 허물을 깨닫고 한층 수준 높은 사람으로 변한다 해도 역시 그의 마음속에

는 네 말들로 말미암아 받은 상처가 남게 마련이지. 이래저래 좋은 결과 없이 너만 손해 보게 되는 거야.

살다 보면 갖가지 진상과 조우하는데, 그들은 끊임없이 스트레스를 돋우지. 가족, 애인, 친구 등 사랑하는 내 사람들 생각하기도 바쁜 세상인데, 정작 그런 진상들을 향한 비난과 증오로 내 삶을 소비한다면 이보다 더한 낭비도 없을 거야.

그렇다면 그런 진상들을 어떻게 대해야 할까. 이때도 마찬가지야. 진상에게 그의 잘못과 허물을 말하지 말거라. 술집에서 그가 아닌 다른 친구나 선후배를 만났을 때도 그에 대해서 비난하거나 불평하지 말거라. 네 말 덕분에 그들의 인생이 개선되길 기대하지 말거라. 자신에게 허물이 있다는 것을 모른 채 몹쓸 인생으로 살다가 그냥 죽게 놔두거라. 그저 네 삶에 집중하렴. 네 삶을 즐겁게 사는 거야. 그에 대한 증오에서 솟아나는 분노 하나하나를 너 자신에 대한 사랑과 관심으로 바꿔야 한다. 그가 보기 싫을수록 네 삶이 더욱 윤택해지는 회로를 만들어내야 해.

어느 날 시냇가에 앉아서 쉬고 있으면, 저 멀리서 떠내려오는 그의 시체를 보게 될 거야. 그에게 신경 쓰지 않는 너의 삶 속에서, 그의 시체는 생각보다 빨리 떠내려올 거야.

아빠는 말한다.

비 난 하 지 말 고 , 불 평 하 지 마 라 .

자신을 비난하지 마라

사람들은 말하지. 너 자신을 알라고, 너 자신의 허물을 보라고.

그런데 아들아, 너는 너 자신을 비난하지 말거라. 너 자신의 허물을 욕하지 말거라. 다시 말하지만, 인정받고자 하는 것은 인간의 아주 강렬한 욕구란다. 남들이 너를 인정해준다면 더할 수 없이 좋을 거야. 게다가 너조차도 너 자신의 모습이 뿌듯하고 만족스럽다면 아주 좋겠지. 이런 만족감이 너에게는 새로운 일을 하는 모티브가 될 거야.

하지만 세상일이란 뜻대로만 되지 않는 법. 남들이 너를 인정해주지 않을 때, 그리고 너 또한 네 모습에 만족하지 못할 때, 네가 느끼는 자존심의 상처와 자괴감은 이루 말할 수 없을 거야.

그렇다고 너 자신을 비난하면서 스스로 가슴에 상처를 내진 말거라. 남에게 비난을 퍼부으면 그의 자존심에 상처가 생기듯, 너 자신을 비난한다면 이 또한 너에게 상처가 될 거야. 이런 상처는 평소 수면 아래에 있다가 힘들고 지친 상황이 되면 격렬히 요동치지. 너는 그 상처를 바라보며 더 큰 상처를 네 가슴에 만들게 되고.

명심하거라. 너를 가장 사랑해줘야 할 존재는 바로 너 자신이야. 세상 그 누구도 너만큼 너 자신을 사랑해줄 수 없단다. "너 자신보다도 내가 너를 더 사랑해" 하는 말은 사실 구애 차원에서 하는 사탕발림일 뿐이야.

　사람은 거의 변하지 않아. 쓴소리한다고 상대가 변하지 않는다는 건 너에게도 그대로 적용된단다. 아주 오랜 시간이 지난 후 네 모습을 한번 바라보면, 어렸을 적 너와 나이 먹은 후의 너 사이에 변한 게 거의 없을 거야. 그러니 자신을 비난하는 괜한 짓거리를 하지 말거라.

아빠는 말한다.
쓸데없이 너 자신을 비난하지 마라.

너의 결점을 이야기하지 마라

다른 사람에게 너의 결점을 이야기하지 말거라. 사람들은 너의 아픔을 느끼는 것이 아니라, 네 아픔을 듣고 있을 뿐이야. 사람들은 다른 이의 아픔을 알고 나면 짜증 내고 경멸할 뿐이지.

네 결점을 이야기하는 순간, 상대방은 알고 보니 너라는 친구는 그리 괜찮은 녀석이 아님을 알게 되는 거야.

상대가 네 아픔을 함께해줬다고 기뻐해선 안 돼. 인간관계는 어찌 변할지 알 수 없으니까. 혹 그가 너의 적이 되었을 때 네가 말한 너의 결점은 화살이 되어 돌아올 수도 있어.

게다가 네 이야기를 들어줬던 사람이 평생 친구로 남을지, 언젠가 적이 될지 따져보는 것 또한 아주 번거로운 일이지. 너의 결점 말고 네가 할 수 있는 이야기는 차고 넘치잖니.

아빠는 말한다. **다른 사람에게 네 결점을 굳이 말하지 마라.**

26

수학을 익혀라

꽤 많은 이가 말하지. 수학, 그거 배워서 어디에 써먹느냐고…….

아빠는 그런 사람들을 보면 정말 안타까워. 수학은 세상의 난해함을 간단히 표현하기 위해 만들어진 학문이거든. 무진장 복잡하게 생겨 먹은 세상을 간단히 이해할 수 있게 하는 수학은 그래서 인생보다 간단할 수밖에 없어.

자신이 그 학문을 이해할 수 없다 하여 그걸 쓸데없다고, 배울 필요 없다고 하는 것은 정말로 어리석은 생각이야. 다른 사람이 뭐라 하든 상관 말고, 너는 수학을 열심히 하거라. 그냥 외우는 게 아니라, 뼛속까지 사무치게 익혀서 그걸 응용하거라. 인생 여정에서 너의 발걸음을 적어도 3분의 1은 가볍게 만들어줄 거야.

세상사에 치여 힘들고 지칠 때, 수학적인 생각은 너에게 아주 든든한 버팀목이자 위안이 되어줄 거야. 왜 이런 상황에 처하게 되었는지를 생각하게 해줄 테니까. 더욱이 살면서 자연적으로 쌓아가는 경험이 더해진다면 수학은 정말 엄청난 능력을 발휘할 거야.

수학은 네가 당혹스러운 감정에 흔들릴 때, 너를 지켜줄 거야. 큰 것은 작은 것을 포함한다는 아리스토텔레스의 명제가 너를 가장 먼저 지켜줄 거란다. 어둠 속에서 제 모습을 숨기고 있는 것들을 찾아낼 때 방정식이 도움을 줄 거고, 밤하늘의 별을 바라보며 이야기하고 싶을 때 로그와 지수는 별이 얼마나 떨어져 있는지 알게 해줄 거야. 운전할 때 함수와 변곡점이 도와줄 거고, 드넓은 땅과 바다를 바라볼 때 기하(幾何)가 도와줄 거고, 사람들과 부딪히지 않고 싶을 때 벡터가 도와줄 거야. 답을 도저히 알 수 없을 때 확률과 통계가 '그럼 이거라도 어때?' 하며 도움의 손길을 내밀 거야.

무엇보다 수학은 모든 것을 차분히 바라보고 침착하게 대처할 논리력을 가져다준단다. 엉킨 실타래를 풀어야 하는데, 흥분해서 무턱대고 이것저것 만진다면 더욱 엉킬 뿐이지. 수학은 너에게 실체를 조심스레 살핀 후 순서대로 실타래를 풀어가는 냉철함을 체화해줄 거야. 수학의 합리적 논리는 우왕좌왕하지 않고 목적지를 향해

올곧게 나아가는 데 큰 도움을 줄 거란다.

하지만 잊지 말거라. 쉬워진다는 것이지, 나아진다는 것은 아니야. 삶을 쉽게 살 수 있다는 것이지, 그것이 너를 더 높은 곳에 데려다주는 것은 아니야. 어쩌면 고민하고 힘들어하면서 가야 할 길을 쉽게 알려준다는 것은 훗날 그와 비슷한 삶의 문제에 맞닥뜨렸을 때, 하지만 수학적 사고로 이루어진 답이 정답이 아니었을 때, 너를 더욱 힘들게 할 수도 있어.

그럼에도 수학을 깊이 있게 익히렴. 가능한 한 세상의 모든 것을 수학이라는 색안경을 끼고 바라보거라. 세상이라는 시험에서 많은 문제의 답이 이미 적혀 있음을 보게 될 거야.

아빠는 말한다.

결코 수학을 포기하지 마라.

후회하는 것만큼 슬픈 일도 없다

세상에서 가장 슬픈 건 무엇일까? 아빠는 후회라고 말하고 싶어. 과거의 네 잘못된 선택은 항상 머릿속을 맴돌며 너를 괴롭힐 거야. 그것들은 머릿속에 자리 잡은 기생충처럼 조금씩 너의 뇌를 갉아먹으며, 삶의 모든 것을 경멸스럽게 만들어버리지.

아무리 끔찍한 일일지라도, 너의 선택이나 의지가 개입되지 않은 과거의 문제들은 그리 큰 문제가 아니란다. '뭐 어쩌겠는가? 내가 한 것도 아닌데' 하는 생각들이 그 바라지 않던 과거의 기억들로부터 너 자신을 분리해줄 거야. 너는 괴로움도 슬픔도 느끼지 못할 거야. 그저 아쉬움이 남겠지. 신이라는 존재에 대한 원망이 남을 수도 있고. 하지만 선택 과정에 네 자유의지가 개입된 지난날의 과오는 늘 네 머릿속을 맴돌며 슬픔의 정수를 맛보게 해줄 거야. 모든 것은 너 때문인 게 되어버렸을 테니까.

그러니 후회할 일을 만들지 말거라. 선택할 때 항상 신중하거라. 선택하기 전에 꼭 너 자신에게 묻거라.

'이 선택을 하고 나서 후회하지 않을 자신이 있는가?'

'이 선택이 잘못된 선택이라 해도 모든 결과를 받아들일 수 있는가?'

이는 올바른 선택을 하기 위해서이기도 하지만, 선택이 잘못되었을 때 네게 슬픔이 다가오지 못하게 하기 위해서지. 이런 과정을 거친 일들은 후회할 과거가 되더라도 그게 최선이었다는 일종의 방어 기제를 만들어준단다.

아빠는 말한다. 후회할 일을 하지 마라.

모든 일의 성패는
거의 재능과 인내에 달려 있다

음식, 물, 돈 등 세상의 자원은 한정되어 있단다. 그것을 위한 일자리 또한 한정되어 있어. 인간은 이 한정된 자원 중 자기 몫을 조금이라도 더 가지기 위해 서로 지지고 볶으면서 살아가고 있는 거야. 그렇게 누군가는 많이 갖고, 누군가는 덜 갖게 되지. 세상이 말하는 성공과 실패가 이런 것이라면, 모든 일의 성패는 거의 재능과 인내에 달렸어. 재능이 있고 인내할 줄 아는 사람은 많이 갖고, 그렇지 못한 사람은 조금 갖게 마련이란다.

날 때부터 천부적인 재능이 있다면 더없이 좋을 거야. 하지만 천부적인 재능을 갖고 태어났어도 갈고닦지 않는다면, 아무짝에 쓸모가 없어. 한때 재능이 있었지만 갈고닦지 않아 이제는 일그러진 자신의 모습에 한숨지으며, 오히려 재능이 없는 이들보다도 못한 삶을 살지.

천부적인 재능이 있음을 깨달았다면 그것을 좀 더 섬세하고 아름답게 가꾸거라. 재능만 믿고 자만하기만 한다면 이는 없느니만 못하단다. 혹 재능이 없을지라도 그 어떤 일이 마음에 든다면 계속 연습하거라. 지속적인 연습은 재능을 뛰어넘는 아름다운 결과를 이끌어내니까.

인내 또한 중요하단다. 형평성이 결여된 세상에서 그나마 정의로운 구석이 있다면, 그것은 세상이 참을성 없고 조바심 많은 사람의 먹을 것과 입을 것과 쉴 곳을 빼앗아서 인내하는 사람에게 주도록 만들어져 있다는 점일 거야. 그러니 인내하거라. 가장 힘들 때 한 걸음 더 가는 게 인내란다. 두 걸음도 필요 없어. 단지 한 걸음만 더 내딛거라.

재능과 인내, 이 두 가지를 앞세운다면 성공은 따 놓은 당상이다.

아빠는 말한다. 재 능 과 인 내 를 갖 춰 라 .

되도록 한 번만 실패해라

사람들은 말하지. 실패는 성공의 어머니라고, 아무리 실패해도 부족함이 없다고⋯⋯. 그래, 인생은 실패와 성공의 연속이야. 실패로부터 배운 교훈은 성공을 위한 초석이 되지. 하지만 아쉽게도 인생 대부분은 실패로 이루어져 있고, 성공은 가끔 일어난단다.

처음 하는 일에 실패는 아주 당연하지. 실패를 딛고 성공한 것이 실패 없이 성공한 것보다 나을 정도로 실패는 삶의 중요한 요소일 거야.

하지만 첫 번째 실패를 통해 교훈을 얻고, 두 번째 시험에서는 실패하지 말거라. 두 번째 시험에서도 실패하는 것은 네가 지혜롭지 못하고, 냉정하지 못하고, 성실하지 못함을 보여주는 거야.

실패는 한 번으로 충분해. 두 번째에서는 실패해선 안 된다.

네가 첫 번째 실패를 맛보고, 지혜롭고 냉정하고 성실하게 두 번째 시험을 준비했음에도 또다시 실패했다면, 그것은 네가 가야 할 길이 아니란다. 그런 길은 계속 가봤자 실패만 있을 뿐이지. 그러니 다른 길을 찾아야 해. 그 다른 길의 첫 번째 시험을 준비해야 해.

아빠는 말한다. 할 수 있다면 한 번만 실패해라.

34

소파에 눕지 마라

사람들은 말하지. 쉬기 위해 일하는 거라고.

그래, 쉬어야지. 휴식은 중요한 거니까. 제대로 된 쉼이 있어야 제대로 된 삶이 가능할 거야. 하지만 쉼이 삶의 전부는 아니란다. 물론, 돈과 시간이 넘쳐나 평생 여행만 하며 쉴 수 있다면, 그래, 그렇게 누리며 살아야겠지. 굳이 그런 여건에서 쉬지 않고 무언가를 하는 것은 미친 짓일지도 몰라. 하지만 문제는 우리 대다수가 그런 형편에 있지 않다는 거야.

그러니 소파에서는 앉아 있거라. 할 일이 없다고, 쉬고 싶다 하여 소파에 눕지 말거라.

너 자신도 모르게 작은 행동 하나하나가 네 인생의 모든 것을 바꾼단다. 소파에 누우려는 마음은 너를 나태하게 만들고, 그런 나태함은 네 모든 삶을 집어삼킬 거야.

누워 있는 시간은 잠잘 때뿐이라는 걸 잊지 말거라.

아침에 잠에서 깨면 바로 일어나 침대에서 나오거라. 이불 속에서 움츠리고 있지 말거라. 인생은 생각보다 짧기에! 그 시간을 아주 소중히 아껴 써야 한단다.

아빠는 말한다. **소파에 눕지 마라.**

하얀색 눈 빛깔을 유지해라

흰자위는 항상 흰 빛깔이 되도록 관리하거라. 어린아이와도 같은 약간 파란 빛을 머금은 하얀색 빛깔이면 더욱 좋을 거야.

눈은 밖에서 볼 수 있는 유일한 뇌의 일부분이거든. 하얀색 눈 빛깔을 지키려는 노력은 네 마음을 단련시키고 정화시키지.

하얀색 눈 빛깔을 유지하는 사람은 그 눈빛 하나로써 자신이 현명하고, 노련하고, 정의로운 사람임을 보여준다. 하얀색 눈 빛깔은 어떤 좋은 옷보다도, 어떤 좋은 차보다도 많은 것을 말해주지.

오직 하얀색 눈 빛깔을 유지하는 것만이 삶의 목표라고 한다면, 그것만으로도 네 삶은 꽤 괜찮을 거라고 아빠는 생각해. 그 정도로 아빠는 하얀색 눈 빛깔을 지키려는 의지를 높게 산단다.

아빠는 말한다. **하얀색 눈 빛깔을 유지하려 힘써라.**

옳고 그름을 떠나
세상의 본모습을 바라봐라

옳고 그름의 기준은 대개 시간에 따라서 변한단다. 시간에 따라 변하지 않는 절대적인 옳고 그름은 거의 없다고 봐도 좋아. 네가 교과서에서 배우는 옳은 것들은 현재의 이 사회가, 현재의 우리 공동체가 원하는 모습들일 뿐이야.

미래에 대해 생각할 정도로 인간은 현명하거나 여유롭지 못하단다. '미래의 인류를 위해'라는 미사여구가 들어가 있다면, 그 이면에는 누군가와 연결된 이권이 숨어 있음을 꿰뚫어 볼 줄 알아야 해. 인류는 한순간도 미래를 위해 산 적이 없어. 단지 현재를 위해 살아온 인류가 과거와 현재를 만들어냈을 뿐이야. 인류가 조금이라도 미래를 생각하며 살아왔다면, 그 길고 긴 인류의 역사를 통해 이루어낸 우리의 현재가 이처럼 비루할 수는 없을 거야.

그러니 무엇이 옳고 그른지를 생각하는 것에 시간을 낭비하지 말거라. 차라리 그 시간에 세상의 본모습을 보려 노력하거라. 네가 보고 싶은 세상의 모습이 아니라, 세상의 모습을 있는 그대로 바라보거라. 슬프고 잔인한 세상을 꾸밈없이 바라보거라. 정의롭지 못하고, 형평성이 결여된 세상을 있는 그대로 바라보거라.

인간이 세상을 산다고 해서, 세상이 인간을 위해 모든 것을 맞춰주어야 할 이유는 전혀 없단다. 세심하고 치밀하게 세상의 이치를 배우려는 노력은 그 절대적인 옳고 그름과 시간에 따라 변하는 상대적인 옳고 그름을 판별할 눈을 만들어줄 거야. 세상의 본모습이 보이는데도 그 모습이 잔인하고 슬프다 하여 짐짓 거짓의 색안경을 쓰고는 세상을 아름답고 따스한 곳으로 보려 하지 말거라. 그건 거짓된 삶을 사는 거야. 그렇게 세상을 바라보려는 자세는 진정한 삶의 기쁨을 네게서 빼앗아 갈 거야.

아빠는 가끔 '감사하는 마음도 이런 마음가짐에 그 바탕을 둔 게 아닐까?' 하는 생각을 한단다. 험하고 힘든 세상, 그런 세상에서 내가 무엇인가 얻는다는 게 너무도 어렵다는 것을 깨달았을 때, 지금 가진 작은 것에도 감사하게 되는 건 아닐까?

아빠는 말한다. **세상의 본모습을 바라봐라.**

세상의 모든 것에서 배워라

배움에는 반드시 스승이 있거나 책이 있어야 하는 것은 아니야. 배우고자 한다면, 흘러가는 물만 바라보아도, 떠가는 구름만 바라보아도 큰 배움을 얻을 수 있지. 말 그대로 배우고자 한다면, 배우려는 의지가 있다면, 이미 배움의 절반은 이룬 것이나 다름없단다.

아름다운 선율에서, 맑은 그림에서 배우거라. 웃음이 절로 나는 만화에서 흥분되는 게임에서도 배우거라. 너의 정신을 쏙 빼놓는 그런 것들을 통한 배움은 책을 통한 배움보다 더욱 강렬하며 스승의 말이나 책의 글귀보다 더욱더 너의 깊은 곳에 자리 잡을 거야.

항상 깨어 있거라. 맑은 눈으로 세상을 있는 그대로 바라보거라. 그렇게 세상의 모든 것에서 배우거라.

<u>아빠는 말한다.</u> **세 상 의 모 든 것 에 서 배 워 라 .**

소셜미디어에 빠지지 마라

소셜미디어의 근본은 인정받고자 하는 사람의 욕구에 있지. 자신의 근황을 소셜미디어에 올림으로써 타인에게 자신의 존재를, 자신의 가치를 인정받고자 하는 거지.

아들아, 너는 소셜미디어에 빠지지 말거라. 소셜미디어를 통해 사람들에게 받는 인정은 과장된 허상에 불과하니까.

차라리 그 시간에 너 자신을 가꾸거라. 잘 모르는 다수의 익명인이 아닌, 주변의 단 한 사람이라도 너를 인정할 수 있도록 노력하거라.

아빠는 말한다. **소셜미디어를 하지 마라.**

항상 미소를 머금어라

　세상은 확실히 살기 피곤한 곳이다. 기쁜 일보다는 슬픈 일이 훨씬 많으니까. 그렇기에 슬플 때 울기만 한다면, 우울의 늪에서 헤어나지 못할 거야.

　아들아, 언제나 미소를 머금어라. 약간의 미소는 네 삶에 큰 원동력이 될 거야. 항상 미소를 머금은 네 모습은 다른 사람들에게 신뢰와 호감을 줄 거야.

　마치 어린아이처럼 언제나 유머러스하게 장난을 치려 애쓰거라. 주변 사람들이 너와 함께하는 걸 즐겁게 여기도록 노력하거라. 사람들이 언제나 네 이야기에 귀를 기울이도록 만들거라. 그러면 너 자신의 가치가 올라갈 것이고, 네 삶이 활기로 넘칠 것이며, 슬픔이 올지라도 절망하지 않을 거란다.

물론 그것이 지나쳐 장난꾸러기나 익살꾼이라는 평이 내려지는 걸 조심하거라. 가벼운 사람이라는 평판을 피하기 위해서는 인생의 깊이에서 우러나오는 유머를 구사할 줄 알아야 해. 인생을 통찰하며 사노라면 자신도 모르게 그런 인생에 대한 농담이 튀어나오지.

다른 사람을 깎아내리는 유머는 해선 안 된다. 아무리 사람들의 반응이 좋더라도 절대 하지 말거라. 그런 유머는 나약한 인간이 자신보다 더 나약한 인간을 이용하는 저질스러운 행위에 불과하니까. 그건 네 유머에 귀 기울이는 사람들에 대한 배신이며, 너 자신을 가장 하급 인간으로 내모는 짓임을 잊지 말거라.

아빠는 말한다.
항상 미소를 머금어라.
그리고 네 인생을 투영한 건강한 유머를 구사해라.

친구 두 명을 사귀어라

힘들 때나 기쁠 때나 곁을 내주는 존재, 그게 진정한 친구다. 힘들 때 곁에서 너보다 더 슬퍼하고, 기쁠 때 너보다 더 기뻐하는 그런 친구를 사귀거라.

아빠가 생각할 때 한 명의 친구는 빈약하고, 세 명의 친구는 버겁지 싶어. 그러니 두 명의 진정한 친구를 사귀는 게 어떨까 싶구나.

그 친구들과 힘들 때나 기쁠 때나 항상 함께하거라. 진정한 친구들과 함께 세상의 눈비를 맞고 앞으로 나아가거라. 그러면 외롭지 않을 거야. 꺾이지 않을 거야.

인생에서 친구와 함께 술잔을 기울이는 시간들보다 좋은 시간은 별로 없단다.

아빠는 말한다. **진 정 한 친 구 두 명 을 사 귀 어 라 .**

풀리지 않는 문제는 뒤로 미루어라

살다 보면 아무리 버둥대도 풀리지 않는 문제가 있어. 몇 날 며칠 머리를 쥐어짜며 고민해도 풀리지 않는 문제가 있지. 그럴 때는 문제를 뒤로 미루거라. 문제 풀이에서 떠나 다른 일을 하는 거야. 다른 이들과 어울려도 좋고, 혼자서 다른 일을 해도 좋다. 더 많은 시간을 그 문제에 투자하며 오롯이 몰입해야만 해답을 찾을 수 있을 것 같지만, 사실은 그렇지 않아. 그러면 그럴수록 해답은 더 멀찌감치 달아날 뿐이지.

사람의 머리라는 것은 참 신기해. 안 풀리는 어떤 문제를 한구석에 밀어놓고 다른 일을 해도 머리의 일부는 여전히 그 문제의 풀이를 궁리하고 있거든. 때로는 다른 일을 하다가 혹은 다른 사람들과 어울리다가 문제 해결의 실마리를 찾기도 한단다.

그러니 아들아, 좀처럼 풀리지 않는 문제가 있다면 마음 한구석으로 밀어놓거라. 저절로 풀리는 경우가 있을 테니까. 어떤 문제들은 시한이 주어진 경우도 있지. 이때도 풀리지 않는 문제는 시한의 바로 전까지 미루어놓거라. 시한 직전에 얻는 답이 최적의 해답이 될 수도 있단다.

이처럼 마치 너와 분리된 듯 혼자 묵묵히 문제를 푸는 너의 머리를 활용하는 방법이 하나 더 있어. 모든 문제를 맞닥뜨렸을 때, 한 번씩 잠깐 생각하고 넘어가는 거야. 시험 문제를 받았을 때, 일단 시험지를 한 번 훑고 시험 문제를 푸는 것과 비슷해. 네가 어떤 문제를 풀고 있을 때도 네 머리의 일부는 다른 문제들을 은밀히 풀어내고 있을 거란다. 많은 시간이 필요하지는 않을 거야. 처음 문제와 마주쳤을 때, '아, 이런 문제가 생겼구나'라고 머리가 알아챌 정도의 시간이면 충분해.

아빠는 말한다. **안 풀리는 문제는 뒤로 미루어 놓아라.**

인생의 주제를 찾으려 하지 마라

살면서 인생의 주제를 찾으려 하지 말거라. 인생에 주제가 있는 것도 아닐뿐더러 너에게 맞추어진 인생 목표가 있는 것도 아니니까. 인생은 여러 사건으로 이루어진 총체란다. 갖가지 일을 겪으면서 진정한 삶의 의미에 한 걸음씩 다가서는 것. 이처럼 삶의 이야기에서 주제가 나오는 것이 인생이야. 각각의 다른 삶의 이야기에서 각자의 이야기에 걸맞은 주제가 파생될 뿐이란다.

주제에서 이야기로 가는 것은 단지 주제일 뿐 너의 인생이 아니야. 그렇게 사는 것처럼 바보스럽고 후회스러운 삶도 없어.

주위 사람이든, 어떤 철학가 등의 현자이든 '삶이란 무엇이다'라고 한 문장으로 정의했다면, 그것은 거짓이고 사기야. 그게 아닐지라도 그가 내린 정의는 그 사람의 삶의 정의이지, 네 삶의 정의가 아니란다. 그러니 그런 뜬구름 잡는 소리에 매달려 네 소중한 삶을 허비하지 말거라. 그저 약간의 미소를 머금은 채 너만의 인생길을 걸어가거라.

아빠는 말한다.
작위적으로 삶의 주제를 찾으려 애쓰지 마라.

네가 받을 자격이 있는 것만 받아라

씨앗을 뿌리고 가꾸어서 열매를 맺으면 그때 그것을 취하는 법! 아들아, 너는 네가 받을 자격이 있는 것만 받거라.

자판기에 누군가가 남기고 간 동전이 있다면, 길가에 누군가가 흘리고 간 화폐가 있다면 그것을 집어 들지 말거라.

나아가 네 노력에 의한 것이 아닌 자리와 직위를 탐내지 말거라. 노력 없이 손에 들어온 작은 동전 하나가 너를 나태하게 만들고 탐욕과 허영에 빠지게 할 것임을 명심하거라.

아빠는 말한다. **받 을 자 격 이 되 는 것 만 받 아 라.**

겸허한 자세로 학문을 대해라

한 인간을 사회 구성원으로 만들기 위해 공동체는 혈기 왕성한 어린 인간들을 한곳에 가둔다. 그리고 동적인 젊은 피를 가진 그들에게 그 정반대의 성질을 지닌 지식과 지혜를 가르친다. 이것이 학교의 본질이란다.

젊은 피이기에 학교 밖으로 나가고 싶은 마음이 너무도 클 거야. 하지만 또 젊은 피이기에 세상에 바로 나오면 엉망이 돼버릴 수밖에 없어. 그렇기에 공동체는 젊은 기운을 억누르면서까지 세상의 이치를 가르치려 하는 거야.

아들아, 너는 학문 앞에서 겸허한 마음을 가지거라. 학문이라는 것은 세상을 사는 데 최소한의 지식과 지혜이기 때문이지.

마음을 가라앉히고, 배움에 힘쓰거라. 학습 내용이 이해되지 않고 마음에 들지 않더라도, 마음을 다잡고 묵묵히 배우거라.

큰 지혜를 배우려면 먼저 인내하는 법을 알아야 해. 학교는 큰 산과 같지. 너는 그 산속에서 세상의 이치를 깨달아가는 수련생이란다.

아빠는 말한다. **겸허한 자세로 학문을 대해라.**

수업에 집중해라

　학창 시절, 아빠의 집은 참고서를 살 형편이 안 되었어. 고등학교 때 아빠도 다른 친구들이 들고 다니는 그 《실력 수학의 정석》이라는 초록색 표지의 책을 보고 싶었단다. 하지만 새 책을 살 돈이 충분하지 못했지. 그래서 헌책방에 가 책을 사야만 했어. 하지만 아빠는 살면서 단 한 번도 부모님을 원망한 적이 없단다. 아빠는 공부 잘하는 법을 알고 있었거든.

　아빠는 공부 잘하는 법을 아주 어렸을 적에 깨달았어. 그렇기에 아빠는 그 헌책들을 들고도 아주 기분 좋게 공부할 수 있었지.

　공부를 잘하기 위해서는 '공부 잘하겠다'는 마음가짐이 중요한 게 아니란다. 그보다 중요한 건 누군가에게 칭찬을 듣는 환경이지.

　공부도 일종의 게임이야. 이렇게 생각해보자. 게임에 접속하자마자, 누군가에게 헤드샷을 맞아 죽어버리기만 한다면, 그리고 다른 팀원들에게 못한다고 욕만 먹는다면, 아마도 그 게임은 다시는 하고 싶지 않겠지.

　마찬가지야. 공부를 잘하기에 앞서, 누군가가 너에게 칭찬을 해줄 수 있는 환경 속에 놓여야 하는 거지. 그 누군가가 너에게 칭찬을 해주는 일이 벌어진다면, 이후 너는 자연스레 공부에 흥미를 붙이게 될 거야. 스스로 원하는 공부를 하게 될 거고.

　아빠는 초등학교에 들어갈 당시 이름조차 쓸 줄 몰랐어. 그렇기에 포도송이 그림을 포도알 스티커로 다 채워 학용품을 받아가는 친구들이 부럽기만 했지. 그 어린 나이에도 친구들을 부러워할수록 나 자신이 부끄럽고 한심스럽기까지 했단다. 한 반에 서른 명 남짓하는 그 시골 학교에서 아빠는 공부를 그리 잘하지 못했었어. 1학년이 끝나는 날, 아빠는 우수상을 받아가는 친구들을 바라보며 나 자신이 한없이 부끄러웠지.

　그날 저녁, 시무룩하게 밥 먹고 있는데 아빠의 엄마, 그러니까 네 할머니가 한 말씀 건넸단다.

　"얘야. 오늘 네 담임 선생님을 만났는데, 선생님이 내년부터는 네가 일등을 할 거라는구나. 생뚱맞게 무슨 말씀이신지, 원."

　그래. 모든 것은 그때부터 시작되었어. 나를 믿어주는 한 사람, 그거면 된다. 단지 칭찬 한마디면 족한 거지.

　그 칭찬 한마디는 아빠에게 전혀 다른 삶을 선물해주었어. 공부라는 게임이 재미있어지고, 더욱 공부에 매진하게 되었지.

이런 경험 때문에 아빠는 '공부 잘하는 방법'보다 '칭찬을 듣는 방법'을 알려주고 싶구나. 칭찬은 스위치처럼 네가 어떠한 것을 바라보는 시선을 완전히 반대로 변화시키지. 그렇기에 '칭찬을 듣는 방법'이 '공부 잘하는 방법'보다 훨씬 더 중요하다고 아빠는 생각해. 어찌 보면 이 또한 아빠가 처음부터 말한 '인정'에 관한 문제일지도 모르겠구나.

그렇다면 어떻게 해야 공부에 관한 칭찬을 들을 수 있을까? 결국은 집중이란다. 집중하는 아빠만의 비결은 세 가지란다.

첫째, 수업 시간에는 선생님만 바라보거라. 아무것도 적어서는 안 돼. 그저 선생님의 눈만 바라보는 거야.

둘째, 등을 꼿꼿이 세워 걸상 등받이에 붙이거라. 수업이 시작되면 자세를 흐트리지 말거라.

셋째, 어깨너비 정도로 다리를 벌리고 양발을 바닥에 디디거라. 수업이 끝날 때까지 그 앉은 자세를 유지해야 해. 마치 땅에서 모든 걸 빨아들이는 나무가 되었다고 생각하는 거야.

아빠는 말한다. **수업에 오롯이 집중해라.**

공부에도 요령이 필요하다

혼자 공부하는 방법을 터득하거라.

우선, 내용이 잘 이해되지 않는다면 그 부분을 열 번 반복해서 읽거라.

내용이 이해된다면, 한 번을 아주 천천히 정독하거라. 책의 단어 하나하나에 자를 이용해 직사각형을 그리고, 연필이나 펜을 이용해 왼쪽 위에서 오른쪽 아래로 사선을 긋거라. 그리고 그 사선들로 직사각형을 채우거라. 사선이 직사각형의 선을 넘어서도, 다다르지 않아서도 안 된다. 사선의 시작은 선에서 시작되고, 사선의 끝은 선에서 끝나는 거야. 선은 너의 머리와 손이 참아낼 수 있을 만큼 최대한 느리게 긋거라. 그러한 직선들로 직사각형 하나를 채우거라.

책의 모든 내용을 이러한 직사각형으로 채우는 거야. 그리고 마음속으로 이렇게 되뇌는 거야.

'단 한 번의 정독이 끝나면, 이 내용을 다시 공부할 수 없다. 내 책이지만 다시 열어서 공부할 수 없다. 나에게는 단 한 번의 공부 기회가 있을 뿐이다.'

<u>아빠는 말한다.</u> **요령 있게 공부해라.**

시험을 신중히 준비해라

시험을 준비할 때 모든 문제집을 다 풀거라. 선생님이 문제를 만드는 경우는 거의 없단다. 기존의 문제를 그대로 내거나 응용할 뿐이지.

역지사지, 네가 선생님이라면 어떤 문제를 낼지 생각하거라.

아빠는말한다. **시험을 신중히 준비해라.**

시험을 요령 있게 봐라

시험을 볼 때도 당연히 요령이 필요하단다.

문제지를 받으면 우선 모든 문제를 한 번씩 훑어보거라.

먼저 쉬운 문제부터 풀거라. 잘 모르는 문제는 체크하고 남겨놓거라.

시험을 볼 때는 껌을 씹거라. 시험 보는 동안 집중력을 높여줄 거야. 다만, 하나나 반쯤이면 충분하다. 두 개 이상 씹으면, 껌 씹는 데 신경이 쓰여 오히려 집중력이 떨어지니까.

시험 볼 때 씹는 껌은 너의 원래 실력보다 10퍼센트 정도 더 능력을 발휘하게 만들 거다.

아빠는 말한다.

요령을 가지고 시험을 봐라.

물을 많이 마셔라

커피, 주스, 콜라 등을 좋아하지 마라.
공부할 때는 물을 마셔라.
물은 갈증을 해소해주고, 마음을 차분히 가라앉혀준단다.

아빠는 말한다.

가공 음료 대신 물을 많이 마셔라.

진실한 짝을 만나라

진실한 짝을 만나거라. 그러기 위해서는 조바심을 내지 말거라. 예쁜 외모를 가지거나 마음이 고운 짝을 만났다고 해서 들떠서는 안 된다.

아빠는 운명의 짝을 믿지 않아. 이 사람이 아니면 다른 사람을 절대 만날 수 없다는 그런 짝을 믿지 않지.

세상의 모든 것이 너에게 다가왔다가, 머무르다가, 떠나가듯이, 세상 모든 사람도 너에게 다가왔다가, 머무르다가, 떠나간단다. 세상 사람들 중 네가 짝이 되고 싶은 사람은 수없이 많을 거야. 그러니 누군가를 놓쳤다고 해서 머리를 쥐어짜며 세상 다 산 양 아파하지 말거라. 너를 떠난 그 사람보다도 훨씬 좋고 너에게 어울리는 사람이 어딘가에 살고 있음을 잊지 말거라.

누군가가 떠나가면, 누군가가 다가오게 마련이다. 그리고 네가 인생의 어느 순간에 있더라도 이미 만난 사람보다 만나지 못한 사람이 훨씬 더 많을 수밖에 없어. 이렇게 생각한다면 네가 사랑이라는 감정을 알게 된 뒤 만나는 인연들을 좀 더 편히 대할 수 있을 거야. 평생의 짝이라며 깊이 있는 만남을 갖는 것보다 여차하면 헤어진다는 마음으로 편히 만나는 게 현명할 수도 있지.

진실하고 좋은 짝을 만나기 위해 진중히 기다리거라. 너에게 다

가올 인연을 다 만나고 난 후에, 네 인생을 함께할 평생의 짝이라고 생각되는 사람을 다시 찾아가도 늦지 않단다. 결혼하고 보니 네 짝이 좋은 사람이 아니라는 것을 깨닫거나, 결혼한 후 더 마음에 드는 짝을 만나는 것보다 불행한 일도 없지 싶다. 그러니 마음 편히 스쳐 지나가는 사람들을 만나며 너의 진정한 인연을 기다리거라. 사랑에서 인내는 더없이 중요하단다.

지금 자신을 잡지 않으면 떠나갈 것이고 더는 볼 수 없을 것처럼 말하는 사람과는 더 이상 인연을 맺지 말거라. 그런 사람은 대개 조잡하며 비열한 성격의 소유자이거든. 겉을 까보면 속에는 알맹이가 없는 쭉정이만 남아 있는 그런 사람이란다.

반면, 너와의 만남을 중시하며 너와 언제까지 함께할 것이라며 네 마음을 편히 해주는 사람이라면 끝까지 인연을 이어가거라.

진실하고 좋은 짝을 만나기 위해서는 무엇보다 네가 진실하고 좋은 사람이 되어야 한다. 그런 사람이 못 된다면, 당연히 그런 상대를 알아볼 눈을 가질 수 없을 거야. 물론 그전에 상대가 멀리하겠지.

아빠는 말한다.

진실하고 좋은 짝을 만나라.

이를 위해 네가 먼저 그런 사람이 되어라.

결혼하기까지 신중하고 또 신중해라

상견례를 했든, 약혼을 했든 상관없어. 네 마음이 하는 소리에 짐짓 귀를 막은 채 결혼식장으로 걸어 들어가지 말거라. '이 결혼은 아닌데' 하는 의구심이 드는 상태로는 결혼하지 말거라. 주위 사람들이 너에게 갖은 모욕과 저주를 퍼부어도 신경 쓰지 말거라.

그 사람과 평생을 함께하는 것에 대해 일말의 불안감이 남아 있다면 돌이켜야 해. 결혼식장에 들어가기 전까지는 돌이키는 데 늦지 않다. 평생 짝이 될 사람을 선택하는 것은 인생의 그 어떤 선택보다도 중요하니까.

아빠는 말한다.

마음에 들지 않는 결혼이라면 언제든지 뒤집어라.

혼자 사는 세상이 아니다

세상은 혼자 사는 곳이 아니야. 아주 오래전부터 인간은 집단을 이루며 생활해왔어. 외부의 천적들에 대항하기 위해, 외롭지 않기 위해 사람들은 마을과 도시와 국가를 만들어왔지.

공동체라는 집단은 집단생활에 의거하여 개인의 가치를 규정한단다. 예컨대 한 마을이 다른 외부의 존재들로부터 공격을 받았다고 해보자. 너는 이 마을에서 가장 힘이 센 사람이다. 하지만 넌 싸우는 게 너무 싫다. 외부의 공격에 마을이 쓰러져가고 있는데, 너는 싸우는 게 싫어서 방관할 뿐이야. 그럴 때 마을 사람들은 너를 어떻게 생각할까? 싸움을 싫어하는 네 성향을 받아들이고 마냥 이해해줄까? 아니, 마을 사람들은 너를 저주할 거야. 이게 집단생활이 규정하는 개인의 본질이지.

공동체 사회는 그 집단의 번성을 위해 개개인을 저마다의 능력대로 평가해. 이를 토대로 힘이 센 자는 전사가 되고, 집 잘 만드는 자는 목수가 되고, 씨앗 뿌려 먹을거리를 잘 추수하는 자는 농부가 되는 거지.

따라서 너에게 능력이 있는데, 공동체가 요구하는 네 역할을 거절한 채 뒷짐 지고 있어서는 안 돼. 공동체를 위해 네 능력을 발휘해야 해. 능력에 걸맞은 일로써 공동체 사회에 기여해야 한단다.

자신에게 씌우는 공동체의 굴레가 싫다면, 그래서 그 의무를 이행할 수 없다면, 남은 방법은 단 한 가지뿐이야. 공동체를 떠나는 것말이다.

아빠는 말한다. **너 혼자 사는 세상이 아님을 잊지 마라.**

인생은 생각보다 아주 짧다

일생을 살면서 온전히 머리를 쓰고 오롯이 몸을 움직이는 시간은 수십 년도 안 된단다. 그만큼 우리가 쓸 시간은 매우 한정적이지.

세상이 너무 복잡해진 탓에 세상의 기본을 배우는 데에만도 너무나 많은 시간이 걸리고 있어. 젊음의 짧은 시간이 지나면, 감성이 힘을 잃고 이성이 마비되기 시작하지. 이후의 시간은 삶의 관록과 그동안의 타성으로 사는 거야.

삶이라는 주제로 그래프를 한번 그려볼까? 일직선으로 그려지니? 태어날 때부터 죽을 때까지 일직선으로 그려지니? 아니, 그렇지 않을 거야.

대부분의 인생은 초반 20년 안에 결정된단다. 그러니 인생 초반에 온 힘으로 배움에 힘써야 해. 감성 또한 그 누구보다 많이 받아들일 수 있도록 채찍질해야 해. 이렇게 쌓인 통찰력과 지혜는 수십 년간의 네 여생을 지탱해줄 거야.

아빠는 말한다.
삶의 초반을 열심히 살아라.

오르기는 힘들지만
내려가는 것은 한순간이다

돈이든 직위이든 명예이든, 모든 영역에서 위로 올라가는 것은 힘들단다. 오랜 시간 뼈를 깎는 인고의 시간을 보내야만 위로 올라갈 수 있지.

만일, 네가 한눈을 판다면 그동안 힘들게 밀어 올린 돌은 아래로 굴러떨어질 거야. 눈 깜짝할 사이에 너의 모든 노력이 박살 나는 거지. 이를 막기 위해서는 계속 올라갈 수밖에 없어. 쉴 때도 밀어 올리던 돌을 등으로 버티면서 땀을 닦는 수밖에 없는 거고.

언제 굴러떨어질지 모르는 불안감 때문에 짜증이 난다면, 주변에 평지를 다져도 좋아. 네가 돌에서 떨어져 편히 앉아서 마음 편히 쉬고 싶다면, 주변에 평평한 평지를 만드는 거지. 평지를 만드는 그 순간에도 너는 돌을 밀고 있어야 하니, 이 또한 쉽진 않을 거야. 아니, 오히려 돌을 굴리며 올라가는 것보다 더 힘들 수도 있어. 그럼에도 평지 위에 돌을 올려놓고 평정심을 찾는 것도 좋은 방법이 될 거야.

아빠는 말한다.

언제나 겸허와 인내의 마음으로 살아라.

사소한 것들을 단순화해라

거듭 말하지만 너에게 허락된 인생살이의 시간은 생각보다 더 짧다. 그런 만큼 네가 생각하는 중요한 것에 집중해야 해. 네가 지키고 싶은 가치, 네가 이루고 싶은 꿈에 모든 것을 오롯이 바쳐야 해.

아빠의 옷장에는 똑같은 셔츠가 여섯 개 있어. 그 옆에는 여름용 재킷 하나와 겨울용 재킷과 코트가 있지. 코트 옆에는 물방울무늬의 파란 넥타이가 하나 있어. 그 밑 양말장에는 똑같은 양말이 예닐곱 개가 있단다. 현관에는 구두 하나가 있어. 책상 위에는 똑같은 모양의 안경이 두 개 있고.

10년 전이나 지금이나 이런 것들은 변함이 없단다. 아침에 무슨

옷을 입고, 무슨 넥타이를 매고, 무슨 신발을 신을지 고민할 필요가 없지. 모든 생각은 그날 아빠가 무엇을 어떻게 해야 할지에 쏠려 있단다.

너도 아빠처럼 해보렴. 이런 변함 없는 모습은 주변인들에게 믿음직한 사람이라는 인상을 은연중에 심어주지. 그리고 옷차림 등 외모에 신경 쓰지 않고 오로지 자기 일에 몰입하는 성실한 사람이라는 인상도 심어줄 거야.

아빠는 말한다.

중요한 것에 집중하기 위해
다른 사소한 것들을 단순화해라.

잠자는 것도 삶의 일부다

잠자는 것도 삶의 일부란다. 잠을 잘 자야 다음 날을 제대로 보낼 수 있지.

아빠는 예전에 잠을 잘 이루지 못해 호되게 고생한 적이 있어. 예민한 성격 탓에 중요한 일들을 앞두고서 잠을 설쳤거든. 중요한 일을 앞두고 잠 한숨 제대로 못 자면 세상이 정말 노랗게 보여. 그동안 열심히 준비했는데, 이런 상태로 중요한 일을 치러야 한다는 생각을 하니 많이 억울했지.

잠을 편히 잘 자야 한다. 아무리 큰일을 앞에 두었더라도, 잠을 잘 수 있어야 해. 잠을 제대로 못 자면서 삶을 제대로 꾸리는 사람은 드물단다.

'478 호흡법'을 익혀두거라. 478 호흡법은 4초간 배를 부풀리며 코로 숨을 들이마시고, 7초간 숨을 잠시 멈춘 뒤 배를 당기며, 8초간 입으로 숨을 내뱉는 방법이야. 이 방법이 쉽지 않다면, 그냥 복식 호흡을 하거라. 숨을 가슴이 아닌 배로 쉬는 방법이지.

내일 아침 전장으로 나가 적과 싸워야 할지라도, 오늘은 편히 잠을 잘 수 있어야 해. 아니, 그런 상황이라면 다른 때보다도 더욱 숙면하는 네가 되어야 해.

잠을 다스릴 줄 알아야 삶을 다스릴 수 있단다.

아빠는 말한다. **잘 자 라 .**

소식해라

소식을 습관화해야 한다. 맛있다고 다 먹어선 안 돼. 배고픔을 없 앨 정도만 먹는 습관을 들이거라.

과식은 비만을 불러오고, 몸을 굼뜨게 만들고, 정신 또한 나태하 게 만들지. 식탐은 정말 피해야 해. 음식이 가져다주는 기쁨은 더할 수 없이 귀한 것이지만, 그 식탐에 매몰되어서는 안 된다. 음식을 통 해 얻는 기쁨은 간헐적으로 가져야 해. 대부분의 식사는 탐욕 없는 먹기가 되어야 한단다.

아빠는 말한다. **적 게 먹 어 라 .**

세상을 주의 깊게 살펴라

    세상을 살피고 세상 사람들을 살피거라. 무엇이 옳고 그른지 생각하지 말고, 그저 모든 것을 살피거라. 이를 통해 세상의 이치를 파악하거라. 모든 것이 어떻게 흘러가는지, 어떻게 시작해서 어떻게 흥하다가 어떻게 끝나는지 살펴보거라.

    꽃이 피어서, 만발하다가, 지는 것을 지켜보거라. 바람을 타고 구름이 흘러가는 것을 지켜보거라. 여기저기서 불어오는 바람의 결을 느끼거라. 만나고, 친해지고, 헤어지는 사람들의 모습을 살펴보거라. 나이를 먹고 늙어 죽어가는 마지막 때를 살펴보거라.

아빠는 말한다.

주의 깊게 세상을 살펴라.

매의 눈으로 바라보고, 뱀의 살결로 느껴라.

교통신호를 잘 지켜라

아등바등 힘겹게 세상을 살아왔는데, 뜻밖의 교통사고로 장애를 얻거나 심지어 삶을 마감하는 것은 정말 슬픈 일이다. 교통사고는 정말 순식간에 일어나는데, 그 찰나의 불운은 제아무리 교육을 받고 훈련했을지라도 속수무책이란다. 결국 예방이 최선일 뿐이지.

아들아 너는 항상 교통신호를 잘 지키거라. 무단 횡단을 하지 말거라. 횡단보도를 건널 때도 신호등을 잘 살피고, 되도록 사람들 가운데에서 걸어가거라.

운전할 때도 항상 긴장을 늦추지 말고, 무엇보다 과속하지 말거

라. 되도록 천천히 운전하는 게 여러모로 좋단다. 뒷좌석에 소중한 사람이 타고 있는 듯이 운전하거라. 속도를 높일 때도, 낮출 때도 액셀러레이터와 브레이크를 부드럽게 다루거라.

항상 양보 운전을 하거라. 먼저 가겠다고 아무리 발버둥 쳐봤자, 1, 2분 앞설 뿐이다. 그러니 양보하면서 느긋하게 가거라.

가장 좋은 방법은 대중교통을 이용하는 거야. 베테랑이 운전하는 차를 타는 거지. 여유가 된다면 목적지 앞까지 데려다주는 택시를 이용하거라. 이 세상 그 무엇도 네 목숨보다 중요한 것은 없다.

아빠는 말한다.

**교통신호를 잘 지키고,
되도록 대중교통을 이용해라.**

세상의 흐름은
진자의 운동과 다름없다

　실에 매달려 올라간 진자는 반드시 내려온다. 그리고 내려온 진자는 다시 올라간다. 언제나 그렇다.

　세상의 흐름도 그렇단다. 그러니 올라갔을 때 언젠가 다시 내려간다는 사실을 명심하고 자중하거라. 내려갔을 때는 언젠가 다시 올라간다는 사실을 명심하고 더 노력하거라.

　높은 곳에 있다고 다른 이들을 무시해서는 안 돼. 낮은 곳에 있다고 높은 곳의 사람들을 혐오해서도 안 되고.

　올라갔다가 내려갔다가, 삶이란 그런 거야. 그러니 살면서 자만할 필요도, 절망할 필요도 없단다.

　　<u>아빠는 말한다.</u> **세상의 변화를 편한 마음으로 바라봐라.**

모든 이가
다 좋은 사람은 아니다

　세상에는 좋은 이가 많지만 그만큼 나쁜 사람도 많단다.

　어떤 사람은 힘든 삶의 굴레를 돌더라도 더 좋은 인간이 되기 위해 노력하고, 어떤 사람은 인간으로서의 최소한의 양심마저 내팽개친 채 폭주하지.

　그러니 나쁜 사람들을 조심하거라. 상대가 인간답지 못한 악인이라면, 더 이상 얽히지 말아야 한다. 만일 그런 사람들과 얽혀서 네 삶이 망가진다면 가장 큰 책임은 너 자신에게 있을 거야. 악인들을 미리 알아채지 못하고 어울리도록 만드는 네 안의 어리석음을 경계하거라.

　　　　아빠는 말한다. **매 사에 나 쁜 사 람 을 피 해 라 .**

원시적인 환경에서도
살아남는 사람이 되어라

문명의 환경에서만 살기 적합한 사람이 되지 말거라. 세상의 모든 것이 원시 시대로 되돌아간다 해도 살아남을 수 있는 사람이 되거라. 스마트폰이 없어도, 컴퓨터가 없어도 네 삶을 살아가는 데 어려움이 없도록 너 자신을 단련시키거라. 네가 사는 그곳이 아닌, 전혀 엉뚱한 곳에 툭 던져진다 해도 살아남을 수 있는 사람이 되거라. 아무런 도구 없이 극한 상황에서도 살아남을 수 있게 너 자신을 단련시키거라.

지금의 네 사회적 지위가 없어진다 해도 살아남을 수 있어야 해. 기본적인 생존 능력은 그 자체로도 살아가기 위해 중요하고, 네가 현재 사는 세상을 깨닫는 데에도 큰 도움을 줄 거야.

네 주위를 크게 만드는 것이 아닌, 너 자신을 크게 만들어야 한단다.

아빠는 말한다.

너 자신을 지키기 위한 최소한의 방법을 깨우쳐라.

깨어나면 즉시 이불 밖으로 나와라

아침에 눈을 뜨면 즉시 잠자리를 털고 일어나거라. 눈감은 채 뭉그적대지 말고, 스마트폰을 보면서 이불 속에 누워 있지도 말거라.

기상하면 바로 이불을 차내고 나와서 양치질을 하거라. 머리 감고, 얼굴 씻고, 면도하거라. 드라이기로 머리를 말리고, 왁스 등으로 머리를 단정히 하거라.

깨어 있는 시간과 잠자는 시간을 확실히 구분해야 해. 깨어났는데도 이불 안에서 뒹굴다 보면, 밖에 나가기 싫을뿐더러 계속 누워있고 싶게 마련이거든. 이런 버릇은 삶에 대한 의지를 꺾어버린단다. 깨어서 활동하는 동안의 의지 또한 깎아버리지.

도저히 못 하겠다면, 일단 이불 밖으로 나와 모든 준비를 한 후 다시 이불 속에 들어가거라.

아빠는 말한다. **깨어나면 바로 이불 밖으로 나와라.**

외모를 가꾸어라

사람들은 말하지, 외모로 사람을 판단하지 말라고.

이 말은 외모가 중요하지 않다는 말이 아니야. 이 말 속에는 오히려 외모가 가장 중요하다는 요지가 숨어 있어. 외모가 사람을 판단하는 가장 중요한 잣대인데, 그것이 안 맞을 때가 간혹 있으니 다른 것도 좀 살피라는 그런 말이지.

외모는 더할 수 없이 중요하단다. 비단 연예인뿐만 아니라 우리 주위의 사회에서도 외모란 사람을 판가름하는 데 큰 역할을 하지.

잘생겼다면 금상첨화지만, 잘생기지 못할 수도 있잖니. 하지만 그런 외모를 가졌다고 해서, 자신을 가꾸지 않으면 안 된다. 용모를 단정히 하고, 옷도 멋지게 입거라.

외모가 출중하여 추가 점수를 얻으면 좋겠지만, 방치하여 혐오스러워진 외모 때문에 너 자신의 점수가 낮게 평가되도록 만들지 말거라. 혐오스러운 외모 때문에 기회가 박탈되는 설움을 맛보지 말거라.

외모를 가꾸는 것은 자기 자신을 사랑하고 자기 자신에게 힘을 불어넣는 또 다른 방법이다. 아름다운 외모는 그 어떤 것보다도 다른 사람들로부터, 그리고 너 스스로부터 자신을 인정받게 만드는 힘이 있단다. 그러니 항상 네 겉모습 또한 중시하고, 아름답게 가꾸어라.

아빠는 말한다. **외모를 아름답게 가꾸어라.**

삶의 가치관은 스스로 세워라

삶의 가치관은 네가 깨닫는 것이지, 누군가가 가르쳐줄 수 있는 것이 아니란다. 어떤 좋고 멋진 이야기를 들어도 네가 깨닫지 못한다면, 그것을 네 삶의 가치관으로 세워선 안 돼. 철저히 네가 경험하고 느끼고 깨달았을 때, 그것을 받아들이거라.

갖가지 인생 이야기를 만나다 보면, 배울 만한 뭔가를 발견할 거야. 그걸 포착하고 깨달으면서 삶의 핵심 가치가 세워지는 거지.

그러니 그 어떤 좋은 말도, 그 어떤 멋진 말도 스스로 깨우치기 전에는 네 가치로 세우지 말거라.

<u>아빠는 말한다.</u> **네 인생의 가치관은 너 스스로 세워라.**

책임자라 생각하고
주도적으로 일해라

일할 때는 주도적으로 하거라. 일에 빈틈이 보인다면, 방관하지 말고 적극적으로 고치거라. 시스템에 문제가 있다면, 직접 그것을 해결하려 노력하거라. 누군가가 일을 맡겼을 때, 그의 기대를 뛰어넘는 결과를 만들어내거라.

이런 모습은 사람들에게 너에 대한 신뢰와 믿음을 심어준단다. 이로 말미암아 너는 집단에서 꼭 필요한 핵심 인물이 될 거야.

결과물을 기한보다 일찍 보여주지 말거라. 꼭 기한에 맞춰서 보여줘야 해. 기한보다 일찍 제출하면 상대방이 너를 성실치 못하거나 거만한 존재로 오해하게 만들 소지가 있거든. 너의 결과물이 부족하다면 사려 깊지 못하다고 보일 거고, 너의 결과물이 좋다 한들 더 좋은 결과물을 내놓을 수 있는데 최선을 다하지 않았다는 오해를 받기 십상이지. 그러니 기한에 딱 맞추어 보여주도록 해라.

항상 책임자라는 마인드로 일을 처리하거라. 그러다 보면 어느새 너는 책임자가 되어 있을 거야. 책임자처럼 일하는 사람에게 책임자 자리를 부여하는 것은 어느 상관에게나 부담 없고 쉬운 일이란다.

아빠는 말한다. **매사에 책임자 마인드를 가지고 일해라.**

아픈 날은 생각보다 많다

살다 보면 아픈 날이 있게 마련이지. 감기에서 중병에 이르기까지, 이래저래 많은 질병이 인생 여정 곳곳에서 튀어나오지. 마음이 아픈 날까지 따져볼 때, 인생에서 좋은 컨디션으로 무언가를 할 수 있는 날은 그리 많지 않은 것 같아.

몸이 아픈 상태임에도 고통을 참으며 마지못해 어떤 일을 하는 것은 정말 고역이지. 마음이 아픈데도 일에 사로잡혀서 자기 마음을 추스를 여유가 없으면 더욱 참을 수 없이 괴로울 거야. 세상이 원망스럽고, 자괴감마저 들거야.

아들아, 건강할 때 그리고 기분 좋을 때 되도록 많은 일을 하거라. 반드시 아픈 날이 온다는 사실을 염두에 두고, 일을 미리미리 해놓거라. 그렇게 한다면 정말 아플 때, 조금이나마 마음 편히 안정을 취할 수 있을 거야.

아빠는 말한다. **아프지 않은 날을 소중히 여겨라.**

행운을 바라지 마라

세상에 분명 행운은 존재한다. 하지만 특별한 그 무언가의 행운을 바라지 말거라. 자기 인생을 열심히 사는 사람에게는 인생 자체가 행운이고 축복이란다. 그렇기에 그런 사람에게는 행운을 운운할 필요가 없지.

네가 해야 할 일에 최선을 다하고, 결과를 기다리거라. 행운을 바라기보다는 그저 불운이 너를 피해 가기를 바라거라.

시험을 본다면, 시험관이 차마 너를 떨어뜨릴 수 없도록 준비하거라. 시험관이 너에게 악감정이 있어서 너를 떨어뜨리고자 온갖 노력을 다할지라도, 사람들의 시선 때문에 차마 실행하지 못할 만큼 압도적인 실력이 되도록 준비하거라.

언제나 기억하거라. 세상은 네가 한 일의 딱 절반만 돌려준단다. 그러니 무엇인가 되고 싶은 것, 갖고 싶은 것이 있다면, 그것이 요구하는 대가의 두 배를 지불하고 결과를 기다리거라.

아빠는 말한다.

행운을 바라지 말고, 불운이 피해 가길 바라라.

모든 배움은 경험에서 나온다

좋은 것이든 나쁜 것이든, 모든 배움은 경험에서 나온단다.

경험을 통해 배우는 것은 동물의 기본 속성이며, 동물 중 하나인 인간에게도 똑같이 적용되는 속성이야. 돌다리를 건너다가 다리가 무너져 물에 빠져본 사람은 다음에는 돌다리를 건너기 전에 다리를 두드려보게 되지.

행복이라는 것도 경험에서 나온단다. 가난을 겪어본 사람은 가난에서 벗어났을 때의 행복을 느낄 수 있어. 새벽에서 새벽까지 쉬지 않고 일해본 사람은 잠깐의 휴식이 가져다주는 행복을 느낄 수 있지. 무거운 군장을 메고 절뚝절뚝 100킬로미터 행군을 해본 사람은 건강하게 걸어 다닐 수 있다는 것이 행복임을 알지.

경험은 가장 위대한 스승이란다. 그러니 많은 것을 경험하거라.

아르바이트도 많이 하고, 다양한 일을 해보거라. 온종일 벽돌을 나르다가 집에 가서 온몸에 파스를 붙인 채 잠을 자보거라. 땀범벅이 된 채 움직이지도 못하고, 뜨거운 기름통 앞에서 감자를 튀겨보거라. 취객들의 행패도 겪어보고, 변기에 떨어진 담배꽁초도 주워보거라. 살인 추위 속에서 손사래 치는 사람들에게 사정하며 설문조사를 해보거라. 그리고 갑자기 불어닥친 바람에 저멀리 날아가 흩어지는 설문지들을 바라보거라. 많은 걸 배울 수 있을 거야.

아빠는 말한다. **경험은 최고의 스승이다.**

좋은 직업을 가져라

사람들은 말하지, 직업에는 귀천이 없다고.

그래. 직업에는 귀천이 없어. 세상 그 어떤 직업이든 중요하지 않은 게 없지. 하지만 가능한 한 좀 더 좋은 직업을 택하거라.

좋은 직업이란 남은 할 수 없는 희소성이 있는 직업을 말한단다. 누구나 마음만 먹으면 할 수 있는 것은 희소성이 없는 거야. 그러니 일에 대한 대가도 적을 수밖에 없지.

되도록 다른 사람이 할 수 없는 직업을 갖기 위해 노력하거라. 세상에서 오직 너만 할 수 있는 일이라면 제일 좋겠지만, 그렇지 않더라도 그 일을 해낼 수 있는 이가 아주 소수인 직업을 택하거라. 물론 그런 직업을 갖기 위해서는 뼈를 깎는 인내를 겪은 후에나 가능할 거야.

한편, 직업에 모두가 추구하는 고귀한 가치가 있다면 더욱 좋을 거야. 네가 하는 일 하나하나가 고귀한 일이라면, 일하면서도 보람을 느낄 수 있겠지. 그러니 모든 사람이 고귀한 행동이라 느끼는 그런 일을 직업으로 삼거라.

아빠는 말한다.

고귀한 가치가 있는, 그런 좋은 직업을 가져라.

세상이 변해도
거의 변하지 않는 것이 있다

사람들은 말하지. 세상이 너무 빨리 변한다고, 세상이 너무 많이 바뀌었다고……. 하지만 명심하거라. 세상이 아무리 변해도 세상의 씨줄과 날줄이 되는 큰 프레임은 거의 변하지 않는단다.

그러니 변하는 세상에서 낙오될 것을 두려워하지 말거라. 네가 바라는 것을 묵묵히 해나가거라.

변하기 쉬운 것은 또 변할 수 있지. 거의 변하지 않는 것은 시간이 아무리 지나도 눈치챌 수 없을 정도로 거의 같은 자리에 계속 있을 뿐이란다.

아빠는 말한다.

잘 변하지 않는 것들을 믿으며 두려워하지 마라.

언어의 힘을 믿어라

인간이 이해할 수 있는 세상의 이치는 언어로 표현 가능한 것에 한정된단다. 사람이 어떠한 것을 언어로 표현할 수 없다면, 그것은 인식의 세상에 존재하지 않지.

그만큼 언어란 중요한 거란다. 언어는 단지 서로의 의사소통을 위한 것이 아니야. 언어는 인간의 앎 그 자체이며, 인간이 생각하는 모든 것이지.

언어는 문명의 모든 것이자 삶의 모든 것이란다. 그러니 언어의 힘을 믿거라. 절대로 언어의 힘을 무시하지 말거라.

아빠는 말한다. **언 어 의 힘 을 무 시 하 지 마 라 .**

모든 사람에게
고개 숙여 인사해라

네가 들르는 식당 아주머니께도, 출근길에 마주치는 경비원 아저씨께도, 네 일터를 청소해주는 어르신께도 고개 숙여 인사하거라. 윗사람에게도, 아랫사람에게도 인사하거라. 상대방이 소리 없이 인사한다면 너는 소리 내어 인사하고, 상대방이 고개 숙여 인사한다면 너는 상대보다 더 고개 숙여 인사하거라.

사람에 대한 존중은 마음만 먹는다고 해서 나오는 게 아냐. 행동에서 나오지. 자신을 수고롭게 하면서 인사하는 것은 상대에 대한 존중을 너 자신에게 심어준단다.

언제나 모든 사람에게 정중히 인사하는 네 모습은 다른 이들뿐만 아니라 너 자신이 보기에도 아름다운 사람으로 인식될 거야. 네가 곤경에 처했을 때, 네가 진심으로 고개 숙여 인사하던 사람들은 너의 지지자가 될 수 없을지라도 최소한 네 등에 칼을 꽂지는 않을 거란다.

인사는 성공으로 가는 지름길임을 명심하거라.

<u>아빠는 말한다.</u>

모든 사람에게 정중히 고개 숙여 인사해라.

가장 험한 일을 자임해라

모든 일 중에 가장 험한 일을 네가 도맡아서 하거라. 사람들에게 분배할 일을 네가 맡았다면, 네 것은 언제나 마지막에 챙기거라. 다 나눠준 다음 네 것이 남아 있지 않더라도, 네 것은 마지막에 챙기거라.

네 직위가 높으면 높을수록 너에 대한 칭찬은 더욱 끊이지 않을 거야. 이것이 명예를 지키며 높은 직위로 올라갈 수 있는 얼마 안 되는 길 중 하나임을 잊지 말거라.

아빠는 말한다. **가 장 험 한 일 을 네 가 해 라 .**

어리석은 자를 멀리해라

어리석다고 판단되는 사람이 있다면, 뒤도 돌아보지 말고 도망치거라. 그의 어리석음이 너를 오염시키고, 나아가 망칠 테니까. 어리석음으로 말미암아 그에게 찾아온 불운이 너를 잡아먹기 위해 호시탐탐 노릴 거야. 어리석은 자들에 대해 연민의 정을 가지지 말거라. 네가 그 어리석음을 깨우치게 해줄 수 있다고 착각하지 말거라. 그저 도망치거라.

소셜미디어에서 어리석은 글들을 본다면, 즉시 웹페이지를 닫거라. 바구니에 갇힌 게가 바구니에서 빠져나가려는 다른 게들을 끌어당겨 도망가지 못하게 하듯, 어리석은 사람은 지혜로운 자들을 자신처럼 어리석게 만드는 재주가 있다.

아빠는 말한다.

어리석은 사람들과 마주치면 미련 없이 도망쳐라.

인간은 미완성의 존재이다

세상이 완전하지 않은 것처럼, 인간 또한 미완성의 존재란다. 하루하루 쉼 없이 자신을 갈고닦아도 시간이 모자라는 게 인생이지. 미완성의 인간이 죽음을 맞이했다 하여 갑작스레 완전한 존재가 될 수는 없을 거야.

그러니 완전한 사람이 있을 것이라는 생각은 버리거라. 너 자신이 완전할 것이라는 생각 또한 버리거라. 너 자신이 완전해질 수 있다는 믿음을 버리거라. 다른 사람에게서도 완전함을 기대하지 말거라.

우린 모두 그저 세상을 살아가는 미완성의 존재일 뿐이야. 어느 정도 마음을 내려놓고 편히 살아야 해.

사람에게 기대하지 않으면, 마음 상할 일도 없단다.

아빠는 말한다. **인간은 미완성의 존재임을 명심해라.**

자랑하지 마라

사람들은 말하지. 이제 자기 PR의 시대가 되었다고, 자기 자랑을 해야 한다고.

그렇지 않다. 다른 사람에게 자랑하지 말거라. 네 집이 좋다고, 네 차가 좋다고 자랑하지 말거라. 특히 윗사람에게 자랑하지 말거라.

세상 누구도 너의 자랑을 달갑게 받아들이지 않는단다. 아마도 너를 괘씸히 여겨 너를 지금의 그나마 높지도 않은 자리에서 끌어 내려버릴 거야. 오히려 네가 능력은 있지만 안타까운 현실 속에 있을 때, 누군가는 너를 끌어올려주려는 생각을 하게 될 거야. 잔인하게도 그게 사람의 속성이자 특징이란다.

그러니 다른 사람에게 자랑하지 말거라. 자랑하느니, 너의 부족함을 알리거라. 자랑하지 말고 다른 사람의 입에서 너에 대한 칭찬이 흘러나오게 하거라.

아빠는 말한다. **타인에게 자랑하지 마라.**

칼집에 꽂혀 있는 칼을 빼지 마라

칼집에 꽂혀 있는 칼을 빼 보여주지 말거라. 칼집만 보여주는 거야. 칼자루에 네 손이 가 있음을 보여주는 그걸로 족하단다. 네 손가락들이 칼집에 꽂혀 있는 칼자루를 힘주어 움켜쥔 모습을 보여주기만 하면 돼. 칼을 꺼내어 너의 칼이 무딘 칼날을 가졌는지, 날카로운 칼날을 가졌는지 다른 사람에게 보여주지 말거라. 칼집에서 칼을 빼 들어 상대방에게 보여주는 순간 모든 게임은 끝난다.

칼날이 없더라도 칼집에 꽂혀 있는 칼자루는 날카로운 칼날이 가져다주는 것보다도 더한 두려움을 상대방에게 불러일으킨단다.

<u>아빠는 말한다.</u> **칼집에 꽂혀 있는 칼을 빼지 마라.**

의도를 숨겨라

사람들이 네가 무슨 생각을 하고, 어떤 행동을 할지 예측할 수 없게 하거라. 언제나 약간의 베일 뒤에 숨어 있어야 한단다. 모든 패를 뒤집어 다 보여주고 게임을 할 수는 없어.

네 패를 숨겼을 때의 승률이 절반이라면, 너의 패를 보여줬을 때의 승률은 0이야. 모든 것을 보여주고 바람 빠진 풍선처럼 세상을 사는 것은 그렇지 않아도 힘든 삶을 더욱 힘들게 한단다.

<u>아빠는 말한다.</u> **너의 의도를 상대에게 알리지 마라.**

한 가지에 집중해라

얕고 넓은 지식은 이미 세상에 널렸단다. 아니, 깊은 지식 또한 이미 세상에 널렸지. 아주 어려운 단어와 개념도 단지 몇 초 만에 그 뜻을 찾아낼 수 있으니까.

그러니 깊고 좁은 지식에 힘쓰거라. 인터넷으로 알기 힘든 그런 깊은 지식에 맛을 들이고, 그것을 깊이 파거라. 정보의 홍수 속에서 가치 있는 지식의 깊이 있는 소유자가 되거라.

<u>아빠는 말한다.</u> **한 가지에 깊숙이 집중해라.**

최소한의 결점을 남겨놓아라

사람들은 말하지. 결점이 없는 것이 좋다고.

하지만 쓸데없이 완전해질 필요는 없단다. 그것은 질투와 시기를 불러일으키지. 사람들은 그 누구도 자신이 완전하다고 생각하지 않으며, 그렇기에 결점 없이 보이는 것은 상대방에게 너를 공격할 구실을 만들어주는 거란다. 그들은 양심의 가책을 느낄 필요도 없이 너를 헐뜯을 거야.

그러니 최소한의 결점을 남겨두거라. 눈에 띄는 결점이 없다면, 누구나 알 수 있을 정도가 되도록 결점을 가장하고 노출시키거라. 사람들이 그 결점에 눈이 멀어 너에게 시기와 질투를 느끼지 못하도록 하거라.

아빠는 말한다.

최소한의 결점을 남겨두어라.

결점이 없다면 만들어라.

사람들과 어울려라

회식이 있다면 기꺼이 나가서 담소를 나누거라. 사람들이 너의 유머에 웃음 짓게 만들거라. 사람들이 모일 때, 네가 없다면 재미없다고 생각하게 만들거라. 그들이 너에게 참석을 독려하는 전화를 하고 싶도록 만들거라. 모든 사람이 만나고 싶어 하는 모임의 주인공이 되거라.

사람들과 어울리는 일은 사는 데 큰 기쁨을 안겨주는 얼마 안 되는 것들 중 하나란다.

<u>아빠는 말한다.</u> **사 람 들 과 어 울 리 기 를 즐 겨 라 .**

한 가지 가치에 매몰되지 마라

세상의 진실을 한 마디로 나타낼 수 없단다. 어떠한 가치도 절대적인 진실이 아니지.

그러니 한 가지 생각이나 가치에 빠져 깊이 매몰되지 말거라.

세상에는 무수한 가치가 존재하고, 여러 가치를 접하는 것은 즐거운 일이란다.

<u>아빠는 말한다.</u> 한 가지 가치에만 빠지지 마라.

몸을 소중히 여겨라

몸의 어느 한 부분도 다치지 않게 늘 조심하거라.

사람들이 살면서 자주 잊는 것 중 하나는, 죽지 않고 살아 있는 것
만으로도 최고의 삶이라는 사실이야. 결국 삶에서 가장 중요한 것
은 죽지 않고 살아남는 거란다.

건강한 몸은 누구도 부정할 수 없는 인간에게 최고의 자산이지.
그러니 항상 네 몸을 아끼고 사랑하거라.

아빠는 말한다. **네 몸을 소중히 여겨라.**

적을 만들지 마라

가만히만 있어도 적은 생기지 않는다. 그런 면에서 적이 생긴 원인에는 적이 된 그 사람의 문제와 함께 그와 관련된 일들에 가만히 있지 못했던 너의 어리석음이 함께한단다.

적을 만들지 않는 것은 여러 복잡한 처세술을 결합한 최고의 처세술이다. 쉽지 않겠지만 언제나 적을 만들지 않겠다는 마음을 품고 살거라.

언제나 상대방에게 먼저 악수를 청하며, 네 손에 무기가 없음을 보여주거라. 이미 적이 되었다면 제거해야겠지만, 그에 앞서 그를 적으로 만들지 않는 것이 더욱 현명한 방법이겠지.

적에 대한 불안감 없이 취하는 편안한 숙면은 적을 만들지 않는 현명한 사람들에게 주어지는 최고의 선물이란다.

아빠는 말한다. **적을 만들지 마라.**

미래를 생각해라

    내일을 생각하고, 내년을 생각하고, 더 먼 미래를 생각하거라.

    변화하지 않을 때, 너에게 닥쳐올 미래를 늘 염두에 두거라. 항상 미래에 대해 계획을 세우거라. 하지만 미래를 위해서 치밀한 계획을 세우는 것은 번거롭고 피곤한 일이야. 그리고 그런 계획은 계획대로 되지 않기 십상이지. 그러니 차라리 두리뭉실한 계획을 세우거라.

<u>아빠는 말한다.</u> 늘 너의 미래를 생각해라.

악행은 처음부터 하지 마라

비난, 욕설, 분노를 비롯한 많은 나쁜 행동은 맑은 물에 잉크를 떨어뜨리는 것과 같단다. 한번 시작되면 막을 길이 없으며, 걷잡을 수 없이 커지게 마련이지.

죽이고 싶도록 미운 한 사람에 대한 비난과 욕설은 그저 약간 미울 뿐인 다른 사람에 대한 비난으로 이어진단다. 또 큰 것에 대한 분노는 시간이 지나면 보잘것없는 작은 것에 대한 분노로 이어진단다. 한번 시작된 악행은 어느 순간 그 몸집이 커져 곧 너의 삶을 삼켜버릴 거야. 그러니 처음부터 너를 힘들게 하는 것들에 대해 다른 패턴으로 반응하거라.

<u>아빠는 말한다.</u> 악행은 처음부터 삼가라.

사소한 일에 목숨 걸지 마라

세상이 복잡해진 탓일까? 그런 세상에서 자신의 것을 외치지 못하면, 누군가가 자신의 것을 빼앗아 가버릴지도 모른다는 불안감 때문일까? 마음의 여유를 갖지 못하고, 사소한 것에 예민해지고 불평하는 사람들이 날로 늘어가고 있어.

너는 그러지 말거라. 너의 삶에 큰 영향이 없는 사소한 일에는 목숨 걸지 말거라. 집착할 필요도 없다. 세상에는 중요한 일이 정말 많으니까. 사소한 일들 또한 순간적으로 너의 인생에 아주 중요한 것이라 착각되지만, 훗날에 보면 이리 되든 저리 되든 별로 중요치 않은 일들이란다.

쓸데없는 일들에 너의 모든 것을 걸지 말거라. 많은 사람이 순간의 욕심이나 분노를 이기지 못해 그동안 힘들게 쌓아온 탑을 순식간에 무너뜨린다는 사실을 유념하거라.

<u>아빠는 말한다.</u> **사 소 한 일 에 절 대 로 목 숨 걸 지 마 라 .**

분노했을 때 잠시 그곳을 떠나라

분노가 끓어오를 때는 일단 그 자리를 떠나거라. 다른 곳에 가서 커피나 음료수라도 하나 마시거라. 지나가는 사람들을 바라보고, 길가에 돋아나는 풀들을 바라보거라.

자리를 떠날 수 없을 경우, 그 사람에게 보여줄 말이나 행동 세 가지를 순서대로 머릿속에 그려보거라. 그리고 각각의 너의 반응에 의한 미래의 결과를 생각해보거라.

분노에 찬 즉각적인 행동은 그동안 힘들게 쌓아 올린 너의 명예를 순식간에 날려버릴 거야. 그리고 법적으로 문제가 될 때 너의 미래에 큰 장애물이 생기게 될 거야.

거듭 말하지만, 세상에 그나마 정의로운 구석이 있다면, 인내하지 못하는 자들의 것들을 빼앗아서 인내하는 자들에게 준다는 데 있을 거야.

아빠는 말한다.

분노가 끓어오를 때 잠시 그곳을 떠나라. 참아라.

삶의 의미를 찾아라

되는대로 살겠다는 안이한 생각은 하지 말거라. 시간이 있다고, 명예가 생겼다고, 돈이 많다고 자만하지 말거라.

삶의 의미를 깨닫는 것이 가장 중요한 일이야. 삶의 주제는 없지만, 삶의 의미는 존재하지.

무엇인가 정해진 주제를 위해서 인간이 사는 것은 아니지만, 사는 것은 의미 있는 일이야. 그러니 항상 책을 옆에 지니고, 항상 삶의 의미에 대해 고민하거라.

삶에 무언가 큰 의미가 없을지도 몰라. 하지만 중요한 것은 삶의 의미를 찾으려는 인간의 자세란다.

아빠는 말한다. 삶의 의미에 대해 항상 고민해라.

가끔 바느질과 다림질을 해라

힘들고 지칠 때나 여유가 있을 때, 오롯이 정신을 쏟을 탈출구가
필요하단다.

게임도 좋고, 만화책도 좋고, 영화도 좋고, 술도 좋다.

아빠는 바느질 혹은 다림질을 했단다.

바느질과 다림질은 집중과 인내가 요구되며, 마쳤을 때 보람을
가져다준단다.

<u>아빠는 말한다.</u> 가끔은 바느질과 다림질을 해라.

복잡한 문제를 단순하게 풀려고 하지 마라

복잡한 문제는 엉킨 실타래와 같단다. 엉킨 실타래를 풀겠다고 조바심으로 실타래의 튀어나온 한쪽 끝을 잡아당기는 것은 실타래를 더욱더 엉키게 할 뿐이야. 어떤 어리석은 사람들은 실타래를 풀고 싶은 욕망과 어리석음의 콜라주로 실타래를 저 멀리 던져버리기도 하지.

복잡한 문제가 단순하게 풀리는 것은 영화나 드라마에서 나오는 이야기일 뿐이야. 복잡한 문제는 언제나 복잡하게 풀린단다. 그 복잡한 문제를 풀기 위해서는 오랜 배움과 인내가 필요하지.

아빠는 말한다.

**복잡한 문제를 단순하게 풀려고 하지 마라.
복잡한 문제는 복잡한 것이다.**

즉흥적으로 일 처리하지 마라

즉흥적인 일 처리는 언제나 후회와 아쉬움을 낳는다. 잘되는 경우가 거의 없기에 후회를 남기고, 잘되었어도 더 잘될 수 있었다는 아쉬움이 밀려오지.

그러니 모든 일을 처리할 때 그 일이 불러일으킬 다음과 그다음을 생각하거라. 대화하면서 답할 때도 즉흥적으로 하지 말고, 메일에 답할 때도 다음과 그다음을 생각하거라.

미래가 보이지 않을 경우, 대답을 유보하거라.

적어도 이틀이나 사흘 정도의 시간을 두고 깊이 생각한 후 대답하거라. 여유가 있다면 메일의 답장도 이틀이나 사흘 정도의 유예를 두고 답장하거라.

아빠는 말한다. **즉흥적으로 일 처리를 하지 마라.**

갑작스럽거나 지나친 호의를 피해라

갑작스럽게 또는 지나치게 누군가가 너에게 호의를 베푼다면, 너는 상대방의 시험 대상에 올라간 거란다. 상대방은 그 호의를 이용해 너에게 더 큰 요구를 할 것이며, 그렇지 않더라도 너를 상대로 사기를 치고 있는 거지.

네가 생각할 때 상대방이 갑자기 친한 척을 한다거나 호의를 베푼다면, 단호히 거절하거라. 그 호의를 받아들이는 순간, 상대방이 너의 발목을 잡을 거야.

아빠는 말한다. **갑작스럽거나 지나친 호의를 피해라.**

배변을 잘해라

배변을 잘하지 못하면 계속 불편하고 짜증스러운 느낌을 떨치지 못하게 되지. 그리고 네 하루하루를 굉장히 고달프게 할 수도 있어.

배변이 잘되지 않으면, 양손의 검지로 양쪽 벽을 힘주어 누르고 있거라. 상당히 효과가 있는 방법이란다. 그것도 안 된다면, 그냥 변비약을 먹거라.

아빠는 말한다. **배변을 잘해라.**

기본적인 돈을 가져라

기본적인 돈이 없으면 삶을 영위할 수가 없지. 삶의 의미에 대해 생각하기는커녕, 돈에 대한 걱정으로 일생을 보내게 되지.

나의 아빠, 즉 네 할아버지는 언젠가 이런 말씀을 하셨단다. 주머니에 돈이 없으면 친구가 보고 싶어도 만나자고 할 수 없는 법이라고.

기본적인 돈이 없으면 가난한 삶의 악순환이 시작된다. 돈이 없기에 사람을 만나지 못하고, 그렇기에 인맥이 사라져 다시 일어설 기회가 줄어들지. 다시 일을 못 하니 주머니의 돈은 더욱 줄 수밖에 없어. 돈이 없어서 작은 질병을 치료하지 못하다가 큰 병이 되고, 이를 치료하기 위해 빚까지 지게 되는 거야. 이래저래 기본적인 돈이 없으면 나중에는 더욱 돈이 없어지는 상황이 되어버리고, 헤어날 수 없는 가난의 늪에 빠진다. 마치 작은 판돈을 가지고 시작했다가 결국 돈을 다 잃고 쫓겨날 수밖에 없는 도박판의 룰처럼 말이야.

그렇기에 삶을 영위하기 위한 기본적인 돈은 언제나 가지고 있어야 한다. 무슨 수를 써서라도 이것만은 지키고 있거라. 이것이 없다면 가난의 늪에서 벗어날 마지막 희망마저 잃게 되거든.

아빠는 말한다.

삶을 영위할 수 있는 기본적인 돈은

언제나 가지고 있어라.

꿈을 믿어라

꿈이라는 건 정확히 뭘까? 살다 보면 왠지 기억이 잘나고 별난 꿈을 꿀 때가 있잖니. 그럴 때는 꿈해몽을 찾아보거라. 꿈해몽을 보고 흉몽이라 할 때에는 근신하고, 길몽이라 할 때에는 다가올 좋은 일을 기대하거라.

꿈을 믿는 것은 전혀 해로울 것이 없잖니. 무료하고 지친 삶에 활력소가 되어주기도 하거든.

아빠는 말한다. **꿈 을 믿 어 라 .**

상처가 나면 일단 빨간 약을 발라라

상처가 생겼다면 일단 빨간 약을 바르거라.

인간의 몸은 크게 보면 도너츠와 같단다. 도너츠 안으로 지나가는 음식과 물과 공기를 흡수하여, 도너츠가 움직이게 되지.

이 도너츠의 표면에는 어떠한 상처도 있어서는 안 된다. 상처는 도너츠의 내부를 노출시켜 도너츠가 상하게 만들지.

그렇기에 피부에 작은 생채기가 생겼더라도 빨간 약을 바르는 습관을 가지거라. 추후 봉와직염이나 농양, 패혈증 등 많은 질병을 미리 막을 수 있는 가장 손쉬운 방법이란다.

아빠는 말한다.

**상처가 생기면 아무리 작은 상처라도
우선 빨간 약을 발라라.
도너츠의 내부와 외부를 차단해라.**

세계 여러 곳을 가봐라

가능한 한 세계 각국을 돌아다니거라. 처음에는 이국의 낯선 모습에 취하지만, 결국 느끼게 되는 것은 '세상 사람들 사는 게 다 똑같구나' 하는 생각과 '내가 있는 곳이 가장 좋은 곳이다'라는 사실이지.

하지만 그 깨달음은 직접 가보지 않고는 얻을 수 없는 것이란다.

아빠는 말한다. **세계의 여러 곳을 가봐라.**

준비가 안 된 채로
큰물에 나가서는 안 된다

준비가 안 된 상태에서 섣불리 큰물에 나갔다가는 딱 익사하기 쉽다. 배의 밑판에 구멍이 있지는 않나 살피고, 노가 부러지지 않았는지 확인하고, 돛이 찢어지지 않았는지 확인한 후에 물에 나가야 하지.

항상 너 자신을 냉정히 평가하거라. 네가 그곳에서 살아남을 수 있을지 엄격히 판단해보거라. 객기로 나갔다가 익사하면 그동안의 갖은 노력이 물거품이 될 테니까.

준비가 안 되었다면, 큰물에는 나중에 나가도 좋다. 아쉬울 것 없어. 기회는 계속 찾아올 테니까.

네가 그곳에서 살아남을 수 있다는 확신이 들면 그때 나가는 거야. 그전까지는 큰물에서 버틸 만한 배를 만들어야 해. 그리고 물이 들어오면 그때 돛을 올리고 노를 저어 나가는 거야.

아빠는 말한다.

준비가 안 된 채로 큰물에 나가지 마라.

모든 일에서
첫 보름은 가장 힘든 시기이다

　학교나 직장에서 새로운 환경에 처했을 때, 첫 보름은 가장 힘들고 괴로운 시간이란다. 새롭다는 것은 인간에게 큰 스트레스를 안겨주며, 이 첫 보름의 시기는 언제나 괴로운 시간이지.

　이때는 다른 생각하지 말고, 새로운 환경에 적응하는 데 최선을 다하거라. 이 시기에는 새로운 환경 때문에 생기는 웬만한 실수가 다 용서된단다. 그러니 좌절하지 말고, 최선을 다하며, 시간이 지나가기를 기다리거라. 그리고 새로운 환경에서 오는 스트레스에 약간 무덤덤해질 필요가 있어.

　이후에는 약간 덜 힘든 시기가 오는데, 보통 어떤 일이든 3개월 정도 지나면, 익숙해지게 마련이다.

아빠는 말한다.

모든 일에서 첫 보름은 가장 힘든 시기이다.

이를 악물고 이 시기를 넘겨라.

세상에 멀쩡한 사람은 아주 드물다

세상에 멀쩡한 사람은 아주 드물다. 멀쩡하고 참된 사람을 만나는 것은 가물에 콩 나듯이 아주 드문 일이지. 어리석고, 자만하며, 욕심에 가득 찬 사람은 세상 어디에나 깔려 있단다.

그러니 어리석은 사람들 때문에 상처받지 말거라. 오히려 가끔씩 지혜롭고 참된 사람을 만나게 된다면 그것에 감사하거라.

아빠는 말한다. 세 상 에 멀 쩡 한 사 람 은 아 주 드 물 다 .

음주를 적당히 즐겨라

술은 힘든 삶에 피난처가 되어줄 수 있어. 또한 평소에 고민했던 갈등을 해결하기 위한 혜안을 가져다주기도 하지. 술은 상대방의 마음을 들여다볼 수 있게 하고, 자신이 진정으로 원하는 바를 눈앞에 가져다주기도 하지.

그러니 술을 정말 적당히 즐기거라.

술을 마실 때는 언제나 안전한 곳에서 마셔야 해. 네가 통제되지 않는 상태가 되어도, 누군가가 너를 해코지할 수 없는 장소에서 술을 마시거라.

술을 마신 후 걸어서 귀가하지 말고 택시를 타거라. 같이 술 마신 친구들을 언제나 끝까지 챙겨라. 무엇보다 술을 마시는 것이 즐거운 기억이 되게 하거라.

<u>아빠는 말한다.</u> **적당히 음주를 즐겨라.**

너의 삶 또한
역사의 한 부분임을 잊지 마라

사람이 살다 보면 착각하기 쉬운 것이 하나 있는데, 자신의 삶이 우주의 모든 시간이라고 믿는다는 거야. 사람들은 자신이 태어나기 전과 자신이 죽은 후의 세상은 존재하지 않는 듯 착각하곤 하지.

하지만 전혀 그렇지 않다. 너의 삶 이전에도 너처럼 세상을 살다 간 선조들이 있고, 네가 죽은 후에도 너의 후손들이 이 세상을 살아갈 거야. 그것도 네가 산 것과 거의 흡사한 삶을 살아갈 거야. 네가 어린 시절에 느꼈던 세상의 신기함, 젊은 시절에 느낀 사랑과 정열, 그리고 이 모든 삶의 과정을 너의 선조들도 거의 비슷하게 느끼며 살았고, 너의 후손들 또한 그럴 거야.

어찌 보면 인간이란 영생할 수 없는 존재이기 때문에 계속 후손을 남기면서, 이 세상에서 영생 비슷한 것을 하고자 갈망하는 힘없는 존재일지도 모르겠다.

아빠는 말한다.

시간을 크게 봐라.
네 삶의 시간이 세상의 모든 시간이 아님을 생각해라.

길 잃었을 때는
그 자리에 서 있어라

아무리 정신 차리고 열심히 살더라도 가끔 길을 잃을 때가 있다. 어느 길로 가야 할지 잘 모르겠고, 앞의 길이 아예 안 보일 수도 있지.

길 잃었을 때는 그 자리에 서 있거라. 불안한 마음에 생각 없이 어디든 가겠지 하며 막무가내로 아무 길이나 가지 말거라. 아무 데나 마구 갔다가는 제대로 된 목적지에 다다르기는커녕 영영 길을 잃을 수도 있거든.

가만히 앉아서 생각하든지, 주위의 산과 들을 바라보든지, 물과 꽃을 바라보거라. 기다리면 언제나 새로운 길이 보이는 법이란다.

<u>아빠는 말한다.</u> **길 을 잃 었 을 때 는 그 자 리 에 서 있 어 라 .**

약속을 잘 지켜라

약속을 잘 지키거라. 약속을 지키는 것은 신뢰의 기본이다. 지킬 수 없다면, 그런 약속은 하지 말거라.

약속 장소에는 미리 나가 기다리거라. 차가 밀려서, 늦잠을 자서 등의 핑계는 하지도 말거라. 상대방의 신경 쓰지 말라는 말은 너에 대한 신뢰는 이미 깎였으니, 그것에 대해 너무 실망하지 말라는 뜻이야.

일찍 나가서 책을 읽고 있든지, 지나가는 사람을 쳐다보든지 해라. 약속 시간에 늦어 허둥대는 것보다 그게 차라리 낫다.

약속을 잊지 않기 위해 책상 옆에 작은 달력을 두고, 약속을 항상 적어두고 기억하거라.

약속을 지키지 않는 사람의 말로는 비참하다는 것을 명심하거라.

아빠는 말한다. **약 속 을 잘 지 켜 라 .**

사람을 유심히 관찰해라

사람을 바라볼 때는 유심히 관찰하거라. 사람의 모습이란 그 어떤 것보다도 그 사람에 대한 많은 정보를 알려준단다. 사람을 바라보며, 그 사람의 미래를 그려보거라. 짧게는 몇 년 후에서부터 길게는 그 사람이 늙은 후의 모습까지 그려보는 거야. 처음에는 쉽지 않지만, 많은 시간에 걸쳐 연습한다면 충분히 할 수 있어.

좋은 사람을 만나 관계를 유지하는 것은 사는 데 든든한 힘이자 기쁨이다. 네가 사람을 제대로 보는 안목을 갖게 된다면 무시할 수 없는 엄청난 능력의 소유자가 되는 거란다.

아빠는 말한다. **사 람 을 유 심 히 관 찰 해 라 .**

모든 사람을 똑같이 존중해라

윗사람이든, 친구이든, 아랫사람이든 똑같이 존중하거라.

언제나 한결같은 너의 됨됨이를 주위 사람들은 항상 지켜보고 있단다. 너에게 존중을 받은 주위 사람들은 너에 대해 칭찬할 것이며, 주위에서 들려오는 찬사는 네가 스스로 느끼는 기쁨보다 훨씬 감미롭고 신나는 일이지.

주변 사람들의 칭찬이 모티브가 되어, 너는 서서히 진정으로 모든 사람을 똑같이 존중하는 인물로 거듭날 거야.

<u>아빠는 말한다.</u> **모 든 사 람 을 똑 같 이 존 중 해 라 .**

심각한 표정으로 산다 해서
네 인생이 더 나아질 일은 없다

지나치게 경솔한 것은 물론 경계해야 할 일이야. 하지만 대부분 심각하게 생각하고, 심각한 표정을 지으며 산다고 해서 달라지는 건 없어. 그저 마음을 편히 하고 약간의 미소를 머금으며 사는 것보다 더 나은 판단을 가져다주거나 더 나은 미래를 가져다주거나 하지 않아. 훗날 돌이켜보면 심각하게 사는 것이 마음 편히 여유롭게 사는 거랑 별 차이가 없으니, 굳이 그렇게 심각한 얼굴을 하며 얼굴 찡그린 채로 살 필요는 없단다.

아빠는 말한다. **어두운 표정으로 심각하게 살지 마라.**

웃어야 할지 울어야 할지 모르겠다면
그냥 웃어라

이런 말이 있단다.

"웃어라. 온 세상이 너와 함께 웃을 것이다. 울어라. 너 혼자 울게 될 것이다."

세상은 슬픔이라는 호수에 몇 개의 기쁨이라는 연꽃의 잎들이 떠 있는 것과 같아.

거의 모든 일이 슬픔과 고난으로 채워져 있지만, 가끔 만나게 되는 기쁨들 때문에 그 기쁨의 맛에 취해, 그 기쁨의 꽃잎을 밟으며, 저 끝까지 가게 되는 거지.

슬퍼도 웃거라. 슬픔이 주체할 수 없이 커서 차마 웃을 수 없다면, 조소라도 하거라.

슬플 때 운다고 해서 상황이 좋아지는 건 아니잖니. 오히려 그 울음 때문에 상황이 더 안 좋아지는 경우가 있을 뿐이지.

아빠는 말한다.

웃어야 할지 울어야 할지 모르겠다면 그냥 웃어라.

기쁠 때나 슬플 때나 늘 웃어라.

'사실'과 '뭐',
이 두 마디는 하지 마라

'사실'과 '뭐', 이 두 마디는 습관이 되어 입에 배어버리면 고치기가 몹시 힘들단다.

'사실'이라는 말을 한다는 것은 평소 그가 하는 말에 거짓이 많이 있음을 그 사람 스스로가 실토하는 거야.

'뭐'라는 말은 어떠한 대상을 하찮게 표현함으로써, 말을 하는 사람 스스로 자만이라는 늪에 빠지게 만들어. 그리고 '이건 뭐 이런 거 아닌가요?', '이건 뭐 이렇게 하면 되죠' 등의 말들은 듣는 이로 하여금 자신을 무시한다는 느낌을 전하지. 자신은 어렵게 고민하는 문제를 상대방이 하찮게 여긴다는 생각을 들게 하는 거야.

네가 하는 말이 사실이고, 네가 생각할 때 그것이 큰 문제가 아니더라도 '사실', '뭐'와 같은 거짓과 자만을 내포하는 단어는 절대 쓰지 말거라.

<u>아빠는 말한다.</u> **'사 실', '뭐', 이 두 마 디 는 하 지 마 라.**

서러움은 무서운 것이다

돈 없는 서러움, 무시 당하는 서러움, 차별받는 서러움, 이 모든 서러움은 무서운 거야. 서러움은 우울함을 거쳐 분노로 변하지. 서러움은 너를 피폐하게 만들고, 너의 생각을 왜곡하고, 너에게서 제대로 된 삶을 빼앗아 갈 거야.

그러니 서러움을 느낄 수 없도록 노력하거라. 돈을 벌고, 능력을 키우거라. 누구도 무시할 수 없는 인상과 눈빛을 가지기 위해 힘쓰거라.

아빠는 말한다.

서러움은 세상 그 어떤 것보다도 두려운 것이다.

차이 없는 평등을 외치는 자들을
경계해라

평등은 세상에 원래 존재하는 것이 아니야. 평등은 고귀한 정신을 향한 인간의 의지 문제지. 그렇기에 평등을 얻기 위해서는 잴 수 없는 피와 땀이 요구된단다.

평등이라는 고귀한 가치는 차별의 극복을 통해서 가능하지. 사람은 모두 제각기 다른 모습을 하고 있기에 차이가 있어. 이 차이라는 것은 그저 드러나는 것일 뿐 극복의 대상이 아니야. 우리가 극복해야 할 것은 이러한 차이를 받아들이지 못하는 차별이라는 것이야.

차별을 극복하는 것이 평등이란다. 차이를 없애는 것은 평등이 아니지.

아빠는 말한다.

차이를 인정하지 않는 평등을 외치는 자들을 경계해라.

무지는 죄가 될 수도 있다

무지는 죄가 아니야. 어떤 사실에 관심이 없다는 것, 어떠한 사실을 모른다는 것으로 누군가를 폄훼할 수 없어. 그만큼 인간의 취향과 모습은 다양하며, 개개인의 다양한 인간의 모습은 존중받아야 하지.

하지만 무지는 죄가 될 수도 있어. 무지하면서 알고 있는 척하며 다른 사람을 호도하는 것은 죄야. 무지하면서 알고 있는 자들을 폄훼하는 것은 죄야. 무지해서 다른 사람에게 피해를 주는 것은 죄다. 무지해서 자식 또한 무지하게 키우는 것은 죄야.

아빠는 말한다.

무지는 죄가 될 수도 있다.

그러니 무지에서 벗어나려고 노력해라.

디지털보다는
아날로그의 삶을 살아라

디지털은 아날로그를 보완하기 위해 만들어졌단다.

종이책의 단점을 보완하기 위해 전자책이 나왔고, 많은 사람의 소통을 위해 소셜미디어가 생겨났지. 디지털의 힘으로 우리는 더욱 많은 정보를 접하고, 더욱 많은 사람을 만나게 되었어.

하지만 이처럼 편리한 세상이 왔음에도 우리는 점점 어리석어지고, 무지해지고, 단편적이며, 감정적으로 되어가고 있어. 디지털을 통해 접하는 많은 정보 중 정작 나에게 유용한 정보와 진정한 절친이 될 사람을 걸러줄 채가 발견되지 않은 까닭이지.

그러니 디지털보다 아날로그를 앞에 두거라. 아날로그의 삶을 살다가 어렵고 힘든 문제가 있으면, 그때 디지털의 힘을 빌리거라. 처음부터 디지털에 매몰된 삶은 인간을 괴물로 만들 뿐이다.

아빠는 말한다. **디지털보다는 아날로그적 삶을 택해라.**

서로의 차이를 존중해라

수많은 사람이 세상을 살아가는데, 이 사람들이 똑같아야 한다는 생각은 어리석은 생각이야. 모든 사람은 서로 다른 것이 당연하고 자연스러운 것이니까.

차이를 인정하고 받아들이거라. 또한 그 차이를 알고 느끼게 되는 것을 기쁘게 생각하거라.

차이를 받아들이지 못할 때 차별이 되고, 차별은 세상의 모든 문제를 잉태한단다.

<u>아빠는 말한다.</u> **서로의 차이를 존중해라.**

대부분의 사람에게
진실을 보는 눈이 없다

    살다 보면 네가 아무런 잘못을 하지 않았음에도 다른 사람들에게서 비난과 오해를 받게 되는 일이 있지. 이럴 때 '나는 죄지은 것이 없으니 상관없어. 언젠가 진실이 밝혀질 것이고, 사람들이 나에 대한 오해를 풀게 될 거야'라고 생각한다면 오산이다.

    세상은 늘 그렇듯 완전하지 않으며, 세상을 사는 대부분의 사람에게 진실을 보는 눈은 없어. 여러 매체에서 많은 등장인물이 결국 상대방의 진심을 알아주고 주인공은 명예를 회복하는 이야기들은 세상이 그렇지 못하기 때문에 생겨난 거야. 사람들의 눈은 보이는

대로만 보고 믿을 뿐이지. 이런 현실을 벗어나고자 하는 꿈이 반영된 게 드라마나 영화 속 해피 엔딩 스토리야.

다시 말하지만, 대부분의 사람에게 진실을 보는 눈은 없단다. 그들이 가진 것은 눈앞에 보이는 걸 보는 눈이지. 그리고 진실을 보는 눈을 가진 현명한 사람들도 대개 주변인들의 반응을 좇아 눈에 보이는 것을 믿게 된단다. 그러니 사람들이 결국 알아줄 것이라느니, 세상이 결국 모든 것을 풀어줄 것이라느니 하는 환상을 품지 말거라. 비록 너의 잘못이 없더라도 사람들의 비난과 오해를 불러일으켰다면, 그게 잘못인 거야. 그렇기에 네가 스스로 그 오해를 풀어야 한단다. 사람들의 눈에 보이게 문제를 풀어야 해.

아빠는 말한다.

대부분의 사람에게 진실을 보는 눈은 없다.

세상의 모든 것은 변한다

세상의 모든 것은 변한다. 세상에 변치 않는 것은 없지. 강산도 변하고, 인간 집단도 변하잖니. 한때 모든 이의 추앙을 받는 가치가 얼마 후 고리타분한 타성으로 치부되는 경우가 허다하지. 변하지 않을 것 같은 세상의 큰 프레임들도 조금씩 변하게 마련이지.

세상에 절대 변하지 않는 것이 있다는 건 인간의 바람이자 망상이야. 그러니 머물러 있으려 하지 말거라. 변하는 세상을 즐거운 눈으로 바라보고, 그 변화의 신선한 바람을 느끼거라. 너의 배에 돛대를 올리고, 변화의 바람을 타고 항해를 하며, 앞으로 나아가거라.

변한다는 건 모든 것의 본질이야. 변하지 않는 것은 존재할 필요가 없단다.

아빠는 말한다. 세상의 모든 것은 변한다.

세상은
노력한 만큼 돌려주지 않는다

세상은 완전하지 않아. 세상이 완전하며, 모든 것이 그래야 한다는 방향으로 생각하는 것은 큰 오산이지. 세상의 법칙이라는 것이 인간의 합리성에 근거해야 하는 이유는 어디에도 없단다.

그렇기에 세상은 노력한 만큼 돌려주지 않아. 어떤 사람들에게는 노력한 이상을 돌려주고, 어떤 사람들에게는 노력한 것보다 적은 것을 돌려주지.

그러니 세상이 너를 속이더라도 슬퍼하거나 노하지 말거라. 너의 노력에 대해 세상이 적절한 보상을 주지 않더라도 슬퍼하거나 노하지 말거라. 그게 세상의 당연한 이치니까.

그런 세상에 적응하는 길은 마음을 다잡은 다음 하던 일을 계속하는 거야.

아빠는 말한다. 세상은 노력한 만큼 돌려주지 않는다.

고귀함을 갈망해라

고귀한 취향을 갖는다는 건 좁은 문을 들어가는 것과 같단다. 온몸을 추스리고, 정신을 맑게 할 수 있을 때가 되어서야, 그 좁은 문이 눈에 보이고, 그 문으로 걸어가 지나갈 수 있는 거야.

어리석은 사람들은 추악한 혀로 고귀함을 폄훼하는 것을 일삼지. 수백 번을 죽었다 살아나도 자신은 맛볼 수 없는 열매라는 것을 알기에, 고귀함을 한낱 보잘것없는 평범한 가치로 깎아내리지.

이루기 힘들다고 해서 그 가치가 낮아지거나 없어지는 것이 아니란다. 오히려 그럴수록 그것은 흙 속의 보석과도 같이 더욱더 그 가치를 높인단다.

아빠는 말한다.

고귀함을 갈망해라.

지혜를 배우고, 인내를 배워라.

자식을 잘 키워라

아이는 자신의 힘을 주체하지 못해 이리저리로 튄다. 세상이라는 것이 신기해 이것저것 만져보고, 이런 짓 저런 짓 많이 한다. 그러면서 무엇이 세상을 사는 데 적절하고, 무엇이 적절치 않은지 깨달으며 커간다.

사람들은 말하지. 아이는 하얀 도화지와 같다고. 아이는 하얀 도화지에 자신만의 그림을 그리지. 세상 어떤 아이도 자신의 그림이 세상에서 받아들여지는지, 받아들여지지 않는지 모르는 법이란다.

그렇기에 그들을 세상 살기에 적합한 길로 이끌어야 해. 세상에서 잘 살아갈 수 있도록 도와주어야 해.

자식이 잘못된 길로 들어서는 것은 오롯이 부모의 책임이다.

아빠는 말한다. **자식을 잘 키워라.**

나대지 마라

자신의 자존심을 높이려 앞에 나서서 설치지 말거라. 다른 사람의 자존심을 짓밟으려 앞에 나서서 설치지 말거라. 명예욕에 대한 갈망을 이겨내거라.

모든 일에는 오르막이 있으면, 내리막이 있는 법이지. 지금의 너의 객기는 분명 언젠가 비수가 되어 너의 가슴을 뚫을 거야.

네가 앞에 서지 않아도, 훗날 비수를 맞을지도 모른 채 자신의 흥에 도취되어 나서고 싶어 안달 난 사람이 수없이 많단다.

그러니 나대지 말거라. 자신의 흥과 욕망에 도취되어 불타는 그에게 모든 사람의 관심이 향하게 내버려두거라. 그저 머지않아 날아올 비수가 그에게 향하는 것을 바라보거라. 그리고 너는 그냥 네가 뜻한 바를 소리 없이 이루거라.

아빠는 말한다. **나 대 지 마 라 .**

불쌍한 사람들을 돕지 마라

자신의 문제가 원인이든, 세상의 문제가 원인이든 불쌍한 삶을 살아가는 사람들이 있어. 그런 사람을 보고 있노라면, 마음이 아프고 그들 어깨의 짐을 덜어주고 싶은 마음이 간절해질 거야.

하지만 도와주지 말거라. 잠깐의 시간이 지나면 그들은 너의 어깨에 대신 짊어진 그들의 짐의 존재를 잊게 될 테니까. 게다가 그들은 네가 자신의 짐을 나눠줄 얼마 안 되는 사람 중 하나임을 알아채고, 또 다른 짐을 너에게 지우려 할 거야. 그리고 언젠가 네가 이미 짊어진 짐들 때문에 더 이상 그들의 짐을 들어주기 힘들다고 한다면, 이제 너에게 돌아올 것은 감사가 아닌 비난뿐이란다.

아빠는 말한다.

불쌍한 사람들을 돕지 마라.

정 도와주고 싶다면, 너의 신원을 밝히지 마라.

그나마 그게 낫다.

언제나 칼자루를 쥐고 있어라

물건을 파는 사람보다는 물건을 사는 사람이 되어야 한다. 누구에게 부탁하기보다는 누군가에게 부탁을 받는 사람이 되어야 한다.

언제나 칼자루를 쥔 채로 여차하면 모든 것을 원상태로 되돌릴 수 있어야 해. 그래야 상대방이 우습게 보지 않고 너를 존중할 거야.

칼끝을 잡고 칼자루를 쥔 상대방을 마주하는 것은 참을 수 없는 긴장감과 괴로움을 불러일으키지. 그런 입장에 선다는 것은 비록 일이 성사되더라도 가슴에는 큰 상처를 남기는 법이야.

그러니 언제나 칼자루를 손에 쥐고 있거라. 그리고 칼자루가 상대방에게 넘어갈 것 같으면, 칼자루를 너의 손으로 다시 찾아와야 해. 칼자루를 다시 찾아올 수 없다면 칼을 버리거라.

아빠는 말한다. 언제나 칼자루를 쥐고 있어라.

기다림은
시간을 더디 가게 한다

거듭 말하지만, 인생은 짧다. 눈을 잠시 감았다 뜨면 어른이 되어 있고, 잠시 또 눈을 감았다 뜨면 노인이 되어버리는 게 삶의 시간이다.

하지만 그런 인생일지라도 시간을 더디 가게 하는 마법 같은 것이 존재하는데, 그것은 기다림이란다.

소풍 전날 조바심에 눈뜨고 지새우는 긴 밤은 세상 어떤 시간보다도 길게 느껴지잖니. 꼭 가지고 싶었던 것을 우연히 인터넷 장터에서 발견하여 기쁜 마음에 주문한 뒤 기다리는 시간은 얼마나 설레는 시간이더냐. 사랑하는 사람과의 만남을 기다리는 시간은 세상의 그 어떤 시간보다도 길지. 한 시간 후에 그 사람을 만나기로 했다면, 너는 하루와도 같은 한 시간을 보낼 수 있을 거야.

기다림은 시간을 더디 가게 만들 뿐 아니라, 그 시간 하나하나를 기쁨으로 채워준단다. 그러니 기다릴 것을 많이 만들거라. 기다리는 소식들을 만들고, 기다리는 물건들을 만들고, 기다리는 사람들을 만들거라. 그래서 기다리는 미래를 만들거라. 그렇게 짧은 삶을 길게 살거라.

아빠는 말한다. 기다림은 시간을 더디 가게 한다.

141

음악은 즐거운 것으로 들어라

음악을 듣는 것은 세상을 사는 기쁨 중 하나야. 음악은 힘들 때 힘이 되어주며, 기쁠 때 그 기쁨을 더해주지.

갖가지 느낌의 음악들이 있지만 음악을 들을 때는 즐거운 음악을 택하거라. 즐거운 음악에 대한 선호는 네가 모르는 사이 너의 마음을 즐겁게 만들어줄 거야. 슬픈 음악은 네가 모르는 사이 너의 마음을 우울하게 만들고, 너에게 찾아오려 서성대는 행운을 아예 저 멀리 쫓아내버릴 거야.

아빠는 말한다. **즐거운 음악을 즐겨 들어라.**

얇은 귀를 경계해라

사람의 말에 쉽게 현혹되지 말거라. 쉽게 돈 벌고 있다는 말은 거 짓말이다. 쉽게 성공할 수 있다는 말은 거짓말이다. 노력 없이 좋은 결과를 낼 수 있다는 것은 정말 거짓말이다. 세상 그 누구도 그런 황 금알을 낳는 거위를 너에게 건네주거나, 너와 나누려 하지 않아.

그 모든 것에는 가치에 따른 리스크가 있단다. 큰 것을 갖기 위해 서는 큰 리스크를 감내해야 하지. 낮은 리스크로 큰 가치를 지닌 결 과물을 얻을 수 있다 해도, 그것을 취해서는 안 돼. 나태함에 대한 욕망은 아주 작은 것에서 시작하거든.

그러니 얇은 귀를 경계하거라. 얇은 귀를 팔랑이는 것은 무지와 욕망이 함께 이루어낸 나태와 파멸로 가는 지름길이란다.

아빠는 말한다. **얇 은 귀 를 경 계 해 라 .**

행복을 좇지 마라

행복한 삶은 달콤하다. 그러기에 모든 사람이 행복을 향해 달리지. 하지만 행복을 바라보고, 행복을 무작정 좇지 말거라. 행복은 네가 좇으려 할 때, 저 멀리 도망치거든. 행복을 좇지 않을 때, 사람으로서의 인생을 무던하게 살아갈 때, 행복은 네가 모르는 사이 옆에 와 있을 거란다.

아빠는 말한다.

행복을 좇지 마라.

그보다는 불운을 피하며 살아라.

잃을 것이 없는 사람을
경계하고 피해라

　돈도, 직업도, 명예도 없어서 그야말로 잃을 게 없는 사람들이 있다. 그들을 경계하고 피하거라.

　거래는 거래가 이루어졌을 때보다, 거래가 어그러졌을 때 문제가 되는 거야. 그러니 거래가 성사되지 못했을 때 네가 잃을 것과 상대방이 잃을 것을 곰곰이 살피거라.

　그가 잃을 것이 없다면, 그런 거래는 해서는 안 된다. 잃을 것이 없는 상대방은 네가 가진 모든 것을 잃게 만들 거야. 잃을 것이 없는 상대방은 너의 돈, 직업, 그리고 삶에 대한 명예를 모두 나락으로 빠뜨릴 거야. 그는 잃을 게 없으니 마음 편히 너를 끌어내릴 거야. 법은 약자를 위해 만들어져 있으며, 잃을 게 없는 사람 또한 법적으로는 약자에 속하지. 누구도 너를 지켜주지 않는다. 스스로 지켜야 하지. 그와 같은 거래는 서래의 성사 여부와 관계없이 애초부터 너에게 불리한 거래란다.

아빠는 말한다.

잃을 것이 없는 사람을 경계하고 피해라.

인생에서 시간의 가치는
똑같지 않다

태어나 죽음에 이르기까지 인생의 시간 가치가 똑같은 것은 아니란다.

시간의 가치는 늙어갈수록 줄어들지. 태어나서 걷고 말하며 세상의 기본적인 것들을 배우는 어린 시기가 가장 중요해. 그다음으로 세상의 이치를 배우는 학생 시절이 중요하고.

그런데 어린 시기는 자신이 자신을 통제할 수 없기에 모든 것이 부모의 보호하에 있지. 따라서 너의 인생에서 시간의 가치에 대해 말하자면, 너 자신을 통제할 수 있는 학생 시기가 더욱 중요할 거야.

이후 청년, 장년, 노년이 되어가면서, 시간의 가치는 점점 낮아진단다. 이때의 삶은 어린 시기와 학생 시기의 삶에 의해 좌우된단다. 20년도 안 되는 학생 시절의 시간의 가치는 80년은 족히 될 여생의 시간 가치의 몇 배가 되고도 남아. 헛되이 보낸 학생 시절은 남은 시간들을 수고롭고 고단하게 만들지.

그러니 학생 시절의 시간을 헛되이 보내지 말거라. 배우기를 즐겁게 생각하고, 인내를 알아가는 자신의 모습을 아름답게 생각하고, 쓸모 있는 사람으로 거듭나고 있음에 긍지를 가지거라.

세상을 처음 본 아이의 어지러운 마음이 질서 있게 자리 잡아가는 것을 뿌듯하게 여기거라.

아빠는 말한다.

인생에서 시간의 가치는 똑같지 않다.

불만에 가득 찬 사람을
경계하고 피해라

    사회가 자신을 이렇게 만들었다고 불평하는 사람들을 경계하고 피하거라. 주변이 자신을 이렇게 만들었다고 불평하는 사람들을 피하거라. 네가 자신을 이렇게 만들었다고 불평하는 사람들을 피하거라. 욕을 입에 담고 사는 사람을 피하거라.

    그런 사람들은 삶의 본질을 전혀 모르고, 자신에 대한 명예의 소중함을 모른다. 그런 사람들의 옆에 있는 것만으로도 그들의 악취가 네 옷에 묻어버릴 수 있어. 그리고 다른 사람들은 너의 옷에 밴 악취를 멀리하기 위해 너를 떠나갈 거야.

아빠는 말한다.

불만에 가득 찬 사람을 경계하고 피해라.

148

누구나 갖고 있지 않은 것을 가지려면
누구나 할 수 없는 노력을 해야 한다

인생을 살다 보면 갖고 싶은 것이 많이 있게 마련이다. 휘황찬란한 보석을 갖고 싶고, 정원이 딸린 집도 갖고 싶고, 사람들의 박수갈채를 받고도 싶지. 이처럼 다른 사람이 갖지 못한 것을 갖고 싶은 것은 인간 본연의 욕망일 거야.

하지만 그렇게 소중한 것들을 가지기 위해서는 너의 소중한 것들을 내놓아야 하는 법이란다. 너의 시간과 너의 고통을 내놓아야만 그것을 가질 수 있는 법이지. 세상은 그런 곳이다. 그리고 때로는 너의 소중한 것을 내놓았는데도 아무짝에도 쓸모없는 것들을 돌려주기도 하는 곳이 세상이란다.

아빠는 말한다.

누구나 갖고 있지 않은 것을 가지려면

누구나 할 수 없는 노력을 해야 한다.

직위는 되는 게 아니라 만들어진다

사람들은 말하지.

"나는 어떤 직위의 사람이 될 거야!"

하지만 직위란 되는 것이 아니란다. 직위란 만들어지는 거야.

네가 어떤 직위의 사람이 되겠다 선언한다고 해서 그 직위에 올라갈 수 있는 게 아니야. 누군가가 네가 그 직위에 오르길 원하기에 너를 그 직위에 오르게 만드는 거야.

그러니 명심하거라. 네가 어떤 직위의 사람이 되려 하지 말고, 누군가가 또는 세상이 너를 그 직위의 사람으로 만들게 하거라. 그리고 세상을 네가 원하는 삶을 위해 이용하거라.

아빠는 말한다.

직 위 는 되 는 게 아 니 라 만 들 어 진 다 .

표정과 행동을 잘 살펴라

누군가와 만날 때에 그가 하는 말에만 집중하지 말고, 사람을 잘 살피거라. 말이라는 것은 거짓으로 꾸며낼 수 있지만, 행동과 표정은 꾸며내기 어렵단다. 그의 표정, 그의 행동을 유심히 살피거라. 그러면 그의 속내를 알 수 있을 거야.

간혹 행동과 표정마저 거짓으로 만들어내는 별종들이 있긴 해. 이런 별종들도 대부분 각각의 행동과 표정에 괴리가 드러나게 되지. 피하거라. 어리석지는 않지만, 참되지 못한 사람들이거든.

더욱 드물게는 행동과 표정의 하나하나까지 거짓으로 만들어내는 별종 중에 별종이 있어. 이런 사람들은 사이코패스이며, 진정으로 미친 인간들이다. 이런 사람들은 의식의 깊숙한 부분이나 무의식을 건드리지 않고는 그 속내를 알 수 없지. 아마 상대방도 자신의 마음이 어떤 것인지 잘 모를 거야. 이런 사람들은 행동과 표정에 대해 아무리 공부하고 연구한다 해도 도저히 구분해낼 방법이 없어. 그저 그런 사람들의 그물에 걸리지 않기를 바라야 하지.

아빠는 말한다. **표 정 과 행 동 을 잘 살 펴 라 .**

도둑질한 자는 발 뻗고 잘 수 없지만,
도둑맞은 자는 발 뻗고 잘 수 있다

죄지은 자는 마음이 편치 못한 법이야. 불편한 마음은 그의 죄가 작은 것이든 큰 것이든 다르지 않아. 작은 죄도 마음속에 남아 시간이 흐를수록 점점 더 큰 죄가 되지.

남의 것을 빼앗지 말거라. 남의 마음에 상처 주지 말거라. 네가 생각할 때 해서는 안 되는 일이라면 하지 말거라. 네 죄를 심판하는 것은 법이 아니라 너 자신이란다.

아빠는 말한다.

도둑질을 한 자는 발 뻗고 잘 수 없지만,

도둑맞은 자는 발 뻗고 잘 수 있다.

만화, 드라마, 영화를 이용해라

사람들이 갈구하는 것, 사람들이 바라는 것, 사람들이 꿈꾸는 것이 궁금할 때는 만화, 드라마, 영화를 보거라. 사람들은 그들의 꿈을 만화와 드라마와 영화에 담는단다. 오히려 노벨상을 받은 책 속 세상은 실제 세상의 단면을 그대로 보여줄 뿐 사람들이 꿈꾸는 세상과는 거리가 멀지.

만화, 드라마, 영화를 보라는 또 다른 이유가 있어. 이런 것들은 사람들이 그저 좋다고 생각하고 긍정적으로 생각하는 것 외에도 사람들이 가장 좋아하는 인간의 모습을 제시하거든.

아마 너도 그런 주인공들을 만나게 될 거야. 그를 너의 롤모델로 삼거라. 만화, 드라마, 영화에서 등장하는 이런 롤모델은 책에서 등장하는 롤모델보다 훨씬 구체적이고 이상적이기까지 하단다.

네가 존경하고, 되고 싶은 롤모델을 삼거라. 그리고 그가 되거라. 그와 똑같이 생각하고, 그와 똑같이 행동하거라. 그래서 사람들이 만화, 드라마, 영화의 주인공에게 보냈던 갈채를 네가 받거라.

아빠는 말한다. 만화, 드라마, 영화를 즐기고 이용해라.

불운이 한꺼번에 찾아올 때는
로또를 사라

살다 보면 불운이 한꺼번에 찾아올 때가 있어. 안 될 것 같던 일은 당연히 안 풀리고, 될 것 같던 일조차도 안 풀리지. 온통 슬픔이 닥쳐오고, 모든 것에 대한 의지를 상실하기도 해.

그럴 때는 로또를 사거라. 인터넷만 하면서 혼자 넋두리하고 있지 말거라. 나가서 친구를 만나 술이라도 진탕 마시거라. 그 친구를 만나러 가는 길에 로또를 사는 거야.

더 이상의 불운이 찾아오지 못하게 해야 한다. 행운이 들어올 길을 열어두거라. 네가 더 이상 불운을 원치 않음을 세상에 알려야 한다. 네가 이 불운이 끝나고 행운이 찾아오길 바라고 있음을 세상에 알리거라. 네가 행운의 여신을 찾을 수는 없지만, 행운의 여신이 너를 찾게 할 수는 있단다.

아빠는 말한다.

불운이 한꺼번에 찾아올 때는 로또를 사라.

죽기 전까지
삶의 무게를 내려놓을 수 없다

산다는 것은 삶이라는 짐을 메고 산에 오르는 것과 같단다. 너의 등에 짊어진 짐은 절대 너를 떠나지 않아.

늘 그렇다. 짐 하나의 무게가 덜어진 듯하면, 다른 짐의 무게가 더해지지. 그 짐의 무게가 덜어진 듯하면, 또 다른 짐의 무게가 더해지고.

그러니 삶의 짐이 없어질 것이라는 꿈을 버리거라. 그건 헛된 기대이니까.

짐의 무게가 그나마 적게 느껴질 때, 흐르는 땀을 닦거라. 또다시 짐이 무거워질 테니까.

아빠는 말한다.

죽기 전까지 삶의 무게를 내려놓을 수는 없다.

배려는
대부분의 문제를 해결한다

　대부분의 문제는 자신이 상대방에게 인정받지 못한다고 느낄 때 생겨난단다. 대개 무시와 경멸이 다툼의 시작이지.

　그렇기에 상대에 대한 배려는 문제 대부분을 해결한단다. 누군가와 문제가 생겼다면, 네가 그의 자존심에 생채기를 내지 않았는지 돌아보거라. 네가 그의 자존심에 상처를 주었다면 이에 대한 사과만으로도 많은 문제가 해결된단다. 네가 그의 자존심에 상처를 주지 않았더라도, 상대에게 배려하며 문제에 다가선다면, 대부분의 문제를 해결할 수 있을 거야.

아빠는 말한다. **항 상　배 려 해 라 .**

살생하지 마라

풀 한 잎, 벌레 한 마리 죽이지 말거라. 움직이지 못한다 해서, 약하다 해서, 추하다 해서 살생하지 말거라. 살아 있는 모든 것은 너처럼 힘겹게 자신의 생을 살고 있는 존재들이란다.

사람이 먹고살기 위해 식물과 동물을 죽이는 것은 어쩔 수 없겠지. 하지만 먹기 위한 것이 아닌 이상 헛되이 살생하지 말거라.

무모하게 살아 있는 것을 해하지 말거라.

아빠는 말한다. **살 생 하 지 마 라 .**

널 무시하는 사람과
담판을 지어라

너를 비난하는 사람에 대한 얘기가 아니다. 이건 너를 무시하는 사람에 대한 얘기란다. 너를 비난하는 사람은 너의 잘못에 대해 얘기를 하는 이고, 너를 무시하는 사람은 네가 잘못한 것이 없음에도 너를 깎아내리면서 존중하지 않는 이야.

그런 사람들의 행동을 계속 내버려두면, 너의 자존심이 피폐해질 거야. 그럴수록 상대방은 더더욱 너를 무시하게 될 거고.

그런 사람들과는 담판을 지어야 한다. 상대방이 너에게 어떻게 했는데, 네가 그런 행동 때문에 기분이 좋지 않다고 얘기하거라. 그리고 앞으로는 그러지 않기를 바라는데, 어떻게 할 것이냐고 상대방의 의사를 묻거라.

그러면 상대방은 대답을 회피할 거야. 본심은 그게 아니었다는 둥 네가 잘되기를 바란다는 둥 다른 핑계나 변명거리를 말하려 하겠지. 잘 들어주거라. 그리고 다시 한 번 묻거라. 여하튼 상대방의 행동이 너의 기분을 불쾌하게 하는데, 앞으로 어떻게 할 것이냐고 의사를 물어보는 거야.

상대방이 앞으로 그러지 않겠다고 하면 그걸로 된 거야. 상대는 자신이 한 약속 때문에 더는 널 무시하지 못할 거야. 무엇보다 네가 더 이상 무시해도 될 만큼 호락호락한 존재가 아님을 깨닫게 되겠지.

상대가 앞으로도 계속 무시하겠다고 한다면? 알았다고 말한 뒤, 다른 사람들에게 상대방과 있었던 일을 이야기하거라. 이런 양상을 염두에 둘 때, 널 무시하는 상대와 담판을 지을 시 여러 사람 앞에서 공개적으로 하는 게 더 효과적일 거야.

<u>아빠는 말한다.</u> **널 무시하는 사람과 담판을 지어라.**

사람들을 모질게 대하지 마라

살다 보면 참 다양한 사람이 있음을 알게 되지. 너는 관심 없던 일들이 그들에게는 삶의 전부인 양 중시하는 사람들이 있고, 네가 중요한 가치라 생각하는 일들을 별로 신경 안 쓰는 사람들도 있어.

인간은 자신과 다른 모습의 사람들을 보면 경계하고, 멀리하고 싶은 속성을 가지고 있단다. 그러다 보니 자신과 많이 다를수록 업신여기고 모질게 대하기 십상이지.

아들아, 너는 그러지 말거라. 세상에는 많은 사람이 살고 있고, 사람들의 모습이 제각기 다를 수밖에 없는 게 세상의 이치란다. 혹자는 말하더라. 세상이라는 게 사람이라는 톱니바퀴로 돌아간다면, 나와 반대 방향으로 돌아가는 톱니바퀴가 있는 게 당연한 것 아니겠냐고.

생각을 달리하거라. 좋은 사람은 좋은 대로 약이 되고, 나쁜 사람은 나쁜 대로 약이 된단다. 세상 모든 사람이 너와 같은 모습이라면 이 또한 재미없는 세상일 거야.

그러니 다른 사람들에게 모질게 대하지 말거라. 둥글둥글하게 웃으며 지내는 거야. 어차피 같은 세대로 태어나서 힘든 세상 살아가는 또 다른 사람일 뿐이거든. 미리 마음에 벽을 쌓지 말고 좋은 관계를 유지하거라. 시간이 지나면서 너와 잘 맞으면 좀 더 다가서고, 너와 잘 맞지 않으면 그때 멀리해도 늦지 않아.

아빠는 말한다.

사람들을 모질게 대하지 마라.

사랑하는 사람이 있다면
마음을 훔쳐라

사랑하는 사람이 있다면 행복한 거야. 너를 향한 상대방의 감정과 상관없이, 일단 너에게 사랑하는 사람이 있다는 것 자체만으로 너의 삶은 기쁨의 나날이 될 거야.

사랑하는 사람이 너를 사랑하게 하고 싶다면 마음을 훔쳐야 해. 상대를 향한 너의 바람이 허리 아래로 내려가지 않도록 하고, 언제나 가슴에 머물게 하거라. 그것은 너를 향한 상대방의 진정한 사랑을 선물로 가져다줄 거야.

아빠는 말한다.

사랑하는 사람의 허리 아래를 탐하지 말고,

상대방의 마음을 훔쳐라.

최고의 처세는
평범하게 보이는 것이다

사람들은 자신과 비슷한 처지에 놓인 것들을 좋아하고 그 공통점들에 공감한단다.

사람에게는 자신과 이질적인 것은 본능적으로 회피하는 습성이 있어. 자신보다 키가 큰 것도 싫어하고, 자신보다 키가 작은 것도 싫어하지. 자신보다 능력이 뛰어난 것도 싫어하고, 자신보다 능력이 뒤지는 것도 싫어해. 자신보다 위에 있는 것은 흠집을 내고 싶고, 자신보다 아래에 있는 것은 깔보는 것이 인간의 모습이란다.

이런 세상에서 자신의 모습을 있는 그대로 보여주는 것은 사람들에게 나에게 화살을 쏘아달라고 선전포고를 하는 것이나 다름없어.

그러니 네 능력을 감추고 다른 사람들 곁에서 '나도 너와 같은 부류의 사람'이라고 그들의 귓가에 속삭이거라.

아빠는 말한다.

세상을 사는 최고의 처세는 평범하게 보이는 것이다.

청출어람을 경계해라

청출어람(青出於藍). '푸른 색은 쪽에서 나왔지만 쪽빛보다 더 푸르다'라는 뜻으로, 제자가 스승보다 더 뛰어남을 일컫는 말이야.

참된 스승들은 제자가 자신보다 뛰어남을 기뻐하고 뿌듯하게 생각한다. 마치 자신보다 뛰어난 아들을 바라보는 아빠의 마음처럼 그들은 제자의 모습을 만족해하며 바라보지. 하지만 일부 못난 스승은 제자가 자신보다 뛰어날 경우, 사람들의 관심이 제자에게로 넘어갈까 봐 시기하고 질투하기도 해. 자신이 받아야 할 명예를 제자가 가로챘다고 생각하는 거지. 어떤 스승들은 이런 자신의 마음을 다스리지 못하여, 더 이상 제자에게 새로운 것을 가르쳐주지 않기도 해. 심지어 제자에 대한 험담을 퍼뜨리기도 하고, 아예 제자를 배움의 장에서 내쳐버리기도 하고. 꽃을 피우기도 전에 꺾어버리는 거지.

그러니 청출어람의 상황을 경계하거라. 네 능력이 아무리 뛰어나다 해도 능력을 감출 줄 알아야 해. 네가 받게 되는 모든 것의 공을 다 스승에게 넘기거라. "스승이 나의 능력을 시기한다"와 같은 억울함을 담은 고백은 물론이고 "열심히 했는데, 좋은 결과가 있어서 다행입니다" 하는 식의 겸손을 곁들인 말조차 피하거라. "나는 한낱 부족한 사람이며, 모든 것은 스승이 이룬 것이다" 정도로 사람들에게 말하면 적당해. 주위 사람들은 너의 겸손을 칭찬할 것이며, 너의 스승에게 존경의 뜻을 전하면서 너와 같은 제자를 둔 것에 대한 부러움 또한 함께 표현할 거야.

네가 할 일은 스승을 뛰어넘는 것이 아니라, 주위 사람들에게 네가 그 스승의 꽤 쓸 만한 후계자라는 사실 정도만 각인시키는 거야. "호랑이 새끼를 키웠다"는 소리를 듣는 순간 모든 게 끝나는 거야.

아빠는 말한다. 청 출 어 람 을 경 계 해 라 .

쓸데없는 노력을 하지 마라

사람들은 말하지. 성공은 99퍼센트의 노력과 1퍼센트의 영감으로 이루어진다고. 그러니 무조건 노력하라고.

아들아, 너는 그런 노력은 하지 말거라. 책상에 앉아서 '노력해야지' 하고 생각하는 것은 미친 짓이다. 그동안 부족했던 노력에 대한 후회가 너의 머리를 휘감을 거야. 미래에도 계속 노력할 수 있을까 하는 불안감이 너를 집어삼킬 거야.

노력하지 마라. 필요한 것은 인내지, 노력이 아니야. 인내와 노력은 엄연히 다르단다. 인내는 속도라면, 노력은 속력이지. 인내에는 방향성이 있고, 노력에는 방향성이 없다. 인내는 내비게이션을 보며 갈 곳을 향해 가는 거고, 노력은 눈을 감고 그저 앞을 향해 가는 거야. 어디로 가는지도 모른 채 그대로 쭉 앞으로만 무한 질주를 하다가는 죽기 딱 좋다.

먼저 네가 잘하는 것, 그리고 네가 재미있게 즐길 수 있는 것을 고민해보거라. 그걸 계속하는 거야. 그러다 보면 요령이 생기고, 더욱 잘하게 될 거야.

공부를 월등하게 잘하는 사람들을 한번 보거라. 그들은 노력만으로 공부를 잘하는 게 아니란다. 그들에게는 자기가 잘하고, 재미있는 게 공부인 거지. 그러니 계속 그것에 몰두할 수 있는 거고, 그러다 보니 잘하는 거지. 여기에 필요한 것이 바로 인내야. 아무리 재미있는 것도, 가끔 재미없고 싫어질 때도 있으니까. 그럴 때도 인내하며 공부하는 거지. 왜냐하면 결국 자기가 잘하는 것이 공부 이니까.

아빠는 말한다.

쓸데없는 노력은 하지 마라.

네가 잘하는 것, 좋아하는 것을 인내하며 해라.

남을 깎아내려
자신을 높이려는 사람을 피해라

살다 보면, 너를 깎아내려 자신을 높이려는 사람들을 만나게 된
다. 상대방의 그런 행동이 시사하는 좋은 소식은 네가 상대방이 경
쟁의식을 느낄 정도로 위협적인 존재라는 사실이야. 나쁜 소식은
상대방의 됨됨이가 이미 쓰레기라는 것이고, 그런 상대방이 너에게
경쟁의식을 느끼고 있다는 사실이다.

그는 너에 대해 험담하고, 너에 대해 나쁜 이야기를 하지. 결국 너
에 대해 이야기하는 듯하지만 실은 자신에 대한 이야기를 하려는
거란다. 자신이 너보다 우월하다는 걸 주위 사람들에게 말하려 하
는 거야.

상대방에게 직접 또는 다른 사람을 통해 이런 말을 들었을 때, 우
선 조심해야 할 것이 있어. 너의 자존심이 흔들리지 않아야 한다. 지
금 상대방은 집단 내에서 우위를 차지하기 위해, 너를 이용하고 있
는 거니까. 치졸하고 저질스러운 인간은 상대방이잖니. 그런 상대
방이 자기 혼자서 저러고 있는 거야. 너라는 사람의 가치는 상대방
에 의해 변할 것이 없단다.

그러니 너의 자존심에 상처를 받을 필요가 없어. 이런 상황에서
네가 상처를 받는다면, 네가 생각하는 너의 가치와 자존심에 대해
다시 한 번 심사숙고해야 해. 너 자신에 대한 너의 평가가 심하게 왜

곡되어 있는 상태인 거지.

상대방의 말이 네가 받아들여서 고쳐야 할 너의 약점이면 어떡하냐고? 하지만 진심은 언제나 드러나는 법이야. 상대방이 너에게 진심 어린 충고를 해주고 싶었다면, 네가 먼저 알게 될 거야. 이럴 경우 네가 힘들거나 슬퍼해야 할 이유가 없지.

너를 깎아내려 자신을 높이려는 그런 사람들을 대하는 가장 좋은 방법은 피하는 거야. 그런 사람과 가까이 지내봤자 좋을 게 없거든. 그 사람이 그러고 다니든 말든, 너는 그런 사람이 아니니 상관하지 말거라.

이런 부류는 상대방을 무시하는 사람들보다 더 하급의 아주 저질스러운 사람들이다. 더 이상 옆에 있어서는 안 돼. 물론 담판을 지을 필요도 없어. 그저 피하거라.

아빠는 말한다.
너를 깎아내려 자신을 높이려는 자들을 피해라.

일과 선택에 앞서
가능한 모든 상황을 체크하고
그에 맞는 책임을 져라

맡은 일을 시작하기 전에 가능한 모든 상황을 체크하거라. 시간이 흘렀을 때, 어떤 일이 어느 정도 진행될지 계획을 세우거라. 일이 진행되면서 발생 가능한 모든 문제를 생각하거라. 그리고 언제쯤 어떤 결과물로 그 일이 종료될지 그려보거라.

이 큰 그림이 그려지지 않는다면, 그 일은 실패할 가능성이 높단다. 되도록 실패할 가능성이 높은 일은 맡지 말거라. 다른 사람에게 미루거라. 그럴 수 없다면, 먼저 사람들에게 인지시키거라. 이번 일은 실패할 가능성이 높다는 사실을 말이다. 이는 실패할 경우 너에게 물을 책임을 경감해주지.

선택에서도 마찬가지야. 선택지별로 큰 그림을 그리거라. 그리고 그림이 그려지는 쪽을 택하거라. 선택지 모두에서 시원찮은 큰 그림이 그려질 때 역시 그나마 나은 그림이 그려지는 선택을 하고, 그전에 사람들에게 알리거라. 이 선택도 실패할 확률이 높다는 사실을 말이다. 이 또한 실패할 경우 너에게 물을 책임을 경감해준단다.

선택이 오롯이 자신만의 문제일 때가 있어. 어찌 보면 선택은 자신만의 문제인 경우가 더 많지. 이럴 경우 알릴 다른 사람이 없지. 하지만 이럴 때도 자신에게 알려야 해. 이 선택도 실패할 확률이 높다는 사실을 말이지. 그리고 너 자신에게 말해줘야 한다. 자신의 문제이므로 책임은 스스로 져야 한다고. 답이 자신 없다고, 답안지 마킹하는 순간에 고개를 돌려서는 안 된다. 네가 제시한 답이니까, 너의 책임이니까.

선택의 순간에 타조처럼 모래더미 속에 머리를 처박고 있지 말거라. 선택하고 있는 너 자신의 모습을 똑바로 응시하거라.

아빠는 말한다.

일과 선택에 앞서 큰 그림을 그려라.

그리고 그에 맞는 책임을 져라.

문제를 냉정하게 바라봐라

독화살을 맞은 와중에 독화살을 어디서, 누가, 왜 쏘았는지 생각하고 있다가는 죽기 딱 좋다. 독화살을 맞았을 때 해야 할 가장 중요한 일은 독화살을 먼저 뽑아내고, 치료하는 거야. 이것이 어리석음과 현명함의 차이란다.

문제를 냉정하게 바라보고, 참을 줄 알아야 해. 문제의 원인을 제공한 자에 대한 복수는 문제를 해결한 다음에 해도 늦지 않단다.

아빠는 말한다. **문제를 냉정하게 바라봐라.**

척하지 마라

모르는데 아는 척하지 말거라. 가난한데 부자인 척하지 말거라. 매사에 척하지 말거라.

척하는 행동은 거짓일 뿐 아니라, 너 자신의 자존심에 큰 상처를 입힌단다. 순간의 만족과 안도를 줄진 몰라도, 다가오는 자존심에 대한 상처에 앞서 찾아온 사탕발림일 뿐이지.

너의 부족함과 너 자신과 남을 속인 행동은 네 자존심에 큰 생채기를 낼 거야.

너 자신의 모습을 그대로 보여줘라. 너는 아빠의 아들이고, 아빠가 가장 사랑하는 사람이다. 아빠에게 너는 가장 진귀한 보석이다.

아빠는 말한다.

척하지 마라.

너 자신의 본모습을 보여줘라.

글씨에는 영혼을 담아라

지금은 디지털의 시대다. 그러다 보니 이제 글씨를 쓸 일은 거의 없지 싶다.

글씨를 쓴다는 것은 그림을 그리는 것과 같아. 글씨 안에 너의 정신이 담기고, 너의 마음이 담기지.

혹시라도 글씨를 쓸 일이 생긴다면, 글자 하나하나 또박또박 아름답게 쓰거라. 네 마음과 정신을 담거라. 글씨를 하나하나 정성스레 쓰는 자세는 너의 인생을 성실하고 신실한 모습으로 바꾸어줄 거야.

아빠는 말한다. **글 씨 에 는 영 혼 을 담 아 라 .**

착하게 살되,
호구는 되지 마라

착하게 사는 것은 좋다. 착한 사람이라고 인정받는 것은 좋지. 하지만 호구가 되지는 말거라. 만만한 사람이 되어서는 안 돼.

만만한 사람, 즉 호구가 되었다면, 남에게서 인정받으려는 욕구와 너 자신에게서 인정받으려는 욕구의 천칭이 남에게서 인정받으려는 쪽으로 심하게 기울어져 있다는 의미야. 네가 남에게 더욱 인정받고 싶어서 너 자신에게 받아야 하는 인정을 너무 많이 포기했다는 거고. 남들도 그것을 알기에 너를 만만하게 호구로 대하는 거지.

이런 상황에 이르렀다면, 너는 더 이상 착한 것이 아니다. 그냥 호구인 거야. 네가 바보인 거지. 남에게서 인정받기 위해, 네 자존심에 너 스스로 생채기를 낸 거야.

그러니 천칭을 바로잡거라. 남에게 인정받기를 어느 정도 포기하거라. 일부러 사서 욕을 먹을 때도 필요해. 그 외의 방법은 없단다.

아빠는 말한다.

착하게 살되, 호구는 되지 마라.

세상에는
미친 인간이 정말 많다

    세상에는 미친 인간이 정말 많단다. 그리고 미치진 않았어도 어리석은 사람이 정말 많지. 또한 어리석진 않아도 참되지 못한 사람이 정말 많고.

    세상 사람 대부분은 미치거나 어리석거나 참되지 못한 이들이다. 그러니 그런 사람들을 만나도 놀라거나 당혹해하지 마라.

<u>아빠는 말한다.</u>

세상에는 미친 인간이 정말 많다.

모든 슬픔은
한꺼번에 찾아온다

주식을 해보면 깨닫는 사실이 하나 있다. 상승장에는 악재가 있어도 큰 영향이 없지만, 하락장에서는 조그만 악재에도 주가가 저 아래로 곤두박질친다는 사실!

인생도 비슷하지. 남들이 인정해주고, 나도 나를 인정해주며, 기쁜 마음으로 잘 지낼 때는 나쁜 일 대부분도 그저 무덤덤하게 지나갈 수 있어. 하지만 이런 것들이 어그러질 때 찾아오는 조그마한 안 좋은 일이 너를 슬픔의 깊은 늪에 빠지게 만들지.

그렇기에 슬픔은 항상 한꺼번에 찾아온단다. 그리고 너를 더욱 힘들게 하지.

하지만 잊지 말거라. 하한선을 그리면, 다시 주가는 올라가게 마련이다. 내리막길이 다하면 다시 오르막길이 있단다.

<u>아빠는 말한다.</u> **모든 슬픔은 한꺼번에 다가온다.**

참된 사람들의 온실에 들어가길
힘써라

끼리끼리 노는 법이다. 미친 사람들은 미친 사람들과, 어리석은 사람들은 어리석은 사람들과, 참되지 못한 사람들은 참되지 못한 사람들과 어울리지. 이들은 자기들끼리 서로에게 미친 짓을 하며, 어리석게 굴며, 참되지 못하게 군단다. 그렇기에 서로를 물고 뜯으며 생채기를 내곤 해. 그래서 탈도 많지.

물론 참된 사람들은 참된 사람들과 어울린다. 이들은 서로에게 진실히 대하며 존중하지. 그렇기에 탈이 없단다.

아빠는 말한다.

참된 사람들의 온실에 들어가길 힘써라.

마음을 지나치게 괴롭히지 마라

마음이 쉬고 싶어 하는데, 억지로 일하지 말거라. 마음이 놀고 싶어 하는데, 억지로 공부하지 말거라.

계속 억눌린 마음은 언젠가 터져버리게 마련이다. 그때가 되면 너 자신의 자존심에 돌이킬 수 없는 상처가 생기고, 삶을 바라보는 너의 눈이 흐릿해지며, 삶에서 추구하는 모든 것이 그 길을 잃어버리게 된단다.

그러니 사랑하는 사람을 대하듯 너의 마음을 달래고, 감싸 안고, 어루만지거라. 세상에서 네가 가장 사랑해줘야 할 사람은 너 자신이다.

아빠는 말한다. **마음을 지나치게 괴롭히지 마라.**

사소한 기쁨들을 만들어라

점심 식사 후에 먹는 요구르트처럼, 금요일 오후에 주문하는 택배처럼 사소한 기쁨을 만들거라. 식사 후에 우연히 받아 든 요구르트는 너의 오후를 신나게 해줄 거야. 금요일 오후에 주문한 스마트폰 액세서리는 너의 주말을 신나게 해줄 거야.

사소한 기쁨은 삶의 윤활유와 같아. 삶은 지루함과 고난의 연속이거든. 그런 삶 속에서 사소한 기쁨들은 세상의 모든 것처럼 너에게 다가올 거야.

사소한 기쁨을 가져다주는 요소들은 많이 만들수록 좋단다. 사소한 기쁨과 사소한 기쁨 사이에 또 다른 사소한 기쁨을 끼워 넣거라. 너의 인생이 사소한 기쁨으로 가득 차 어떠한 슬픔도 발붙이지 못하게 하거라.

잊지 말거라. 네가 마지막 눈을 감는 그 순간, 너의 눈에 떠오를 인생의 즐거웠던 기억들은 이러한 사소한 기쁨들이란다.

아빠는 말한다.
사소한 기쁨들을 만들어라.
너의 인생이 그것들로 가득 찰 때까지
사소한 기쁨들을 만들어라.

타부를 깨지 마라

타부(taboo), 즉 사회적 금기라는 것이 있다. 문지방을 밟지 말라든가, 중요한 일을 앞두고 손톱을 깎지 말라든가, 이름을 빨간색으로 쓰지 말라든가, 사다리 밑을 지나지 말라든가 하는 등의 사회적인 불문률을 말하지. 오랜 역사의 시간을 통해 쌓인 인간의 지혜가 타부 안에 스며들어 있다느니 그런 이야기를 하려는 것은 아니야. 타부를 깨면 정말 재수가 없어진다느니 그런 이야기를 하려는 것도 아니야.

타부를 깨지 말라고 하는 이유는 잘되고자 하는 너의 바람을 지키라는 거야. 재수 없는 일을 피해 가고 싶은 바람, 힘들게 하고 슬프게 하는 것으로부터 멀어지고 싶은 바람을 너 자신에게 각인시키라는 말이다.

타부를 지킴으로써 너 자신을 어루만지거라. 네가 너 자신을 이만큼 아끼고 있다고, 그러니 안심하라고 말하는 거야.

아빠는 말한다. **타 부 를 깨 지 마 라 .**

행운의 징크스를 만들어라

너만의 행운의 징크스를 만들거라. 네 삶에 일어나는 이해할 수 없는 징크스를 인지하거라. 노란색 양말을 신은 날은 일이 잘 풀린다든지, 어느 회사의 펜으로 시험 보면 성적이 잘 나온다든지, 누구를 만나면 좋은 일이 생긴다든지 하는 소소한 행운의 징크스들을 만들거라. 너의 주위에서 서성대는 행운이 너에게 들어올 통로를 만들거라.

<u>아빠는 말한다.</u> **행운의 징크스를 만들어라.**

자기만 아는 사실이라며 말하는 사람은 걸러라

자기만 아는 사실이라며 말하는 사람이 있다. 이것은 자기만 아는 사실인데, 아무한테도 얘기해준 적 없다며 그 이야기를 들려주는 사람이 있다. 어떤 사람은 이 사실은 자기와 주변 사람 몇몇만이 안다며 한층 더 기만한다.

이런 사람들은 걸러내거라. 어리석은 사람이거나 사기꾼이다. 다른 사람들도 아는 사실을 자기만 알고 있다 착각하고 있거나, 너의 과한 욕심을 공격하고 들어오는 사기꾼이니까.

세상의 어떤 사실도 한 사람 또는 소수의 사람만 알 수 있는 것은 없단다. 따라서 그렇게 말하는 사람은 정말 자기만 아는 줄 착각하는 어리석은 사람이거나, 거짓을 사실처럼 말하면서 너에게 사기를 치려는 사람일 거야.

누군가가 너에게 그런 이야기를 했다는 것 자체에 불쾌해야 한다. 널 어리석은 사람으로 봤다는 것 또는 널 사기의 표적으로 삼았다는 이야기이니까. 한편으로 너는 그동안 그 사람에게 너의 낮은 자존심과 과한 욕심을 드러내지는 않았는지 돌아봐야 한다.

아빠는 말한다.

자기만 아는 사실이라며 말하는 사람을 걸러라.

183

발표에 앞서 열 번을 연습해라

여러 사람 앞에서 발표하는 것은 누구에게나 긴장되는 일이다. 발표를 듣는 사람이 너를 평가하고 있는 자리라면 더욱 긴장될 거야.

발표하기에 앞서 열 번을 연습하거라. 컴퓨터 고장으로 프레젠테이션 파일이 제대로 뜨지 않았을 때도 큰 문제 없이 발표할 수 있을 정도로 연습하거라. 계속 연습하는 것은 무대 앞에 섰을 때의 공포를 줄여줄 뿐 아니라, 네가 발표할 내용의 오류를 줄여준단다.

열 번이나 연습했다는 자신감은 너도 모르게 발표하는 너의 표정을 편안하게 만들어줄 거야. 혹시라도 발표 중에 문제가 생겨 파일이 뜨지 않더라도 놀란 기색 없이 발표를 이어가는 네 모습은 사람들에게 아주 큰 인상을 남겨줄 거야.

무엇보다 약속 시간에 미리 가서 기다리듯이 발표 시간에 미리 가서 대기하거라. 발표 파일이 잘 보이는지 확인하고, 좌장이나 참석자들과 간단히 인사를 나누거라.

아빠는 말한다.

발표에 앞서 열 번을 연습해라.

만남에 앞서
모든 것을 미리 그려라

거래할 사람을 만난다거나, 소개팅에서 누군가를 만난다거나, 윗사람을 만나는 것은 여간 불편한 일이 아니다.

모든 사람을 만나기 전에 너와 그 사람이 즐거이 대화하는 모습을 그리거라. 그와의 대화 후에 일어날 결과를 생각하지 말거라. 그저 그와 즐겁게 이야기를 나누는 너의 모습을 그리거라.

살면서 알게 된 사실 중 하나는, 대부분의 사람은 대화에 앞서 대화의 결과를 결정한다는 거야. 그리고 미리 결정하지 않더라도 너와 마주한 순간 결과가 결정되지. 상대방은 너와 대화하기 전에 이미 거래를 할지 말지, 너를 계속 만날지 말지, 너를 이끌어줄지 말지 결정한 상태로 너를 만나는 거야. 그렇기에 네가 그 사람과 대화를 나눠서 결과가 바뀌는 경우는 거의 없단다. 그러니 결과에 너무 신경 쓰지 말거라. 그저 새로운 사람을 만나서 맛있게 식사하고, 즐겁게 이야기하는 너의 모습을 그려보거라.

아빠는 말한다.

만남에 앞서 그와 즐겁게 얘기하는 모습을 그려라.

고칠 수 있는 문제는
너에게 있다

살면서 많은 것이 너를 힘들게 할 거야. 그렇다면 너를 힘들게 하는 것들의 원인은 무엇일까? 외적 요인도 있고, 내적 요인도 있을 거야.

이 중 외적 요인들은 고치기가 더 힘들단다. 어찌 생각해보면 예전에는 문제가 되는 외적 요인이 훨씬 더 많았을 거야. 불평등의 문제라든지, 형평성의 문제라든지 하는 점에서 그 문제의 심각성은 현재보다 과거에 더 심했지. 많이 좋아진 것이 현재의 그것들이고, 그것들이 너를 괴롭히는 거지.

이러한 외적 요인들은 고치기가 힘들고, 고쳐지기까지 많은 시간

이 소요되지. 그것들의 변화의 스케일은 너의 인생보다 한참 길단다. 그렇기에 그러한 외적 요인을 고치려 하기보다는 너 자신의 모습에서 기인하는 내적 요인을 고치라고 말하고 싶어. 너 자신을 고치는 것이 세상을 고치는 것보다 훨씬 쉬우니까.

누군가가 너에게 "너는 인류애가 없이 너 자신만 생각하는 이기적인 존재야"라고 말할지도 몰라. 그런 말을 한다면 그에게 말해주거라. "그렇게 고귀하고 인류애가 넘치는 것들은 너나 해"라고. 인류애가 어떻다느니, 우리 인류가 어떤 방향으로 나아가야 한다느니 말하는 사람들은 대개 위선자란다. 삶이란 내 한 몸 챙기기도 버거운 것이거든.

아빠는 말한다.

고칠 수 있는 문제는 너에게 속한 문제이다.
그러니 너 자신을 갈고닦음에 온 시간을 써라.

거짓 프레임,
집단최면의 덫에 걸리지 마라

참되지 않은 사람들 중 거짓 프레임을 짜고, 집단최면을 거는 이들이 있다. 그들은 자신의 이익을 위해, 자신의 만족을 위해 다른 사람들을 자신이 짜놓은 거짓 프레임에 걸리게 만들면서 집단최면을 건다. 그들은 인간의 어리석음과 나약함을 이용하여, 공동체의 구성원들을 분열시키고, 사람들이 자신의 편에 서게 하며, 노예로 만들지. 분명 그들은 사회의 암적인 존재들이란다.

그들은 사람들의 비판적 사고를 마비시켜 자신의 사욕을 채운단다. '만약 ~한다면, ~할지도 모릅니다'라는 말을 조심하거라. '왜냐하면'이라고 말한 후 앞에 한 말과 같은 말을 반복하는 사람을 조심하거라. 그들은 진실에 대한 사람들의 믿음을 이용하여 자신의 사상을 주입시키려는 무리다.

아빠는 말한다.

거짓 프레임, 집단최면의 덫에 걸리지 마라.

언제나 책 한 권을 가슴에 품어라

책을 써본 사람들은 안다. 집필은 뼈를 깎는 아픔과 다름없다는 사실을 말이야. 그런 만큼 책 안에는 인간의 지식과 지혜가 농축되어 있단다.

언제나 책 한 권은 가슴에 품고 다니거라. 시간이 날 때마다 책을 읽거라. 지식을 쌓고, 지혜로워지거라.

어떤 책이든 상관없다. 만화책도 좋고, 잡지도 좋다. 네가 좋아하는 책을 가지고 다니거라.

책을 소지한다는 것은 어리석어지고 싶지 않은 네 마음을 뜻하지. 책을 가지고 다님으로써, 너는 너 자신에게 어리석음을 멀리하고, 지혜를 가까이하고 싶음을 말하는 거지. 너 자신도 이런 네 모습을 존경하고 만족해할 거야.

아빠는 말한다.

언제나 책 한 권을 품에 지녀라.

배움으로
마음의 평화를 얻을 수 있다

역사상 많은 성인이 마음의 평화를 찾았다고 한다. 그리고 많은 사람이 마음의 평화를 찾기 위해 속세라 불리는 세상을 떠나 수행에 정진하지.

하지만 아빠는 이런 삶에 반대한다. 자기 마음의 평화를 찾기 위해 부인과 자식을 버리는 모습에 반대한다. 수행을 위해 결혼도 하지 않고 자식도 낳지 않는 모습에 반대한다.

세상이 돌아가기 위해서는, 세상이 유지되기 위해서는 그 구성원이 필요하며, 그러기 위해 결혼하고, 자식을 낳고, 가족을 이루어야 한다는 것이 세상을 바라보는 아빠의 눈이야.

가족을 지키며 마음의 평화를 얻는 것이야말로 진정한 마음의 평화일 거야. 가족으로 말미암은 기쁨과 슬픔을 겪으면서 얻는 지혜가 진정한 지혜일 거야.

그렇기에 아빠는 마음의 평화를 얻기 위해 더욱 많은 배움을 얻으라고 말하고 싶어. 경험을 통해, 책을 통해, 그리고 여러 방식으로 마음의 평화를 얻는 방법을 배우거라. 아빠도 마음의 평화를 갈구했어. 그리고 배움을 통해 완전하지는 않지만 그래도 그럭저럭 쓸 만한 마음의 평화를 찾았단다. 너도 배움을 통해 꽤 쓸모 있을 만큼 마음의 평화를 찾을 수 있을 거야.

아빠는 말한다.

마음의 평화를 얻는 길은 배움을 통해 가능하다.

진짜와 가짜는
자연스레 드러난다

아름다운 보석이 빛을 발하듯 아름다운 사람도 빛을 발하지. 가짜 보석이 진짜 보석의 빛을 따라 한들 가짜일 뿐이며, 날카로운 사람들 눈에 그 가짜 빛은 걸러지게 마련이야. 진짜를 가장한 가짜로 아름다운 사람들의 빛 또한 역시 가짜일 뿐이며, 날카로운 사람들 눈에 그 가짜 빛은 걸러지게 마련이지.

그러니 너의 마음과 말과 행동이 하나 되어 진정으로 아름다운 빛을 낼 수 있도록 힘쓰거라. 누가 보더라도 너의 그런 모습이 아름답게 느껴지도록 애쓰거라. 너 자신을 아름답게 가꾸면서 당당히 나아가거라.

아빠는 말한다.

진짜와 가짜는 자연스레 드러나게 마련이다.

격한 용어를 많이 쓰는 사람을 걸러라

대화하다 보면 격한 용어를 많이 사용하는 사람들이 있다. '완전 최고!', '킹왕짱!' 등의 말들이다. 어떤 사람들은 이것도 부족해, 욕설까지 뱉으며, 자신의 말을 강조하려 하지.

자신의 말을 강조하려는 의도를 내비친다는 것은 동시에 그의 말이 거짓이며, 그가 얘기하고자 하는 그것이 그렇게 최상급의 무엇이 아님을 방증하는 거야. 그리고 말하고 있는 상대방이 아주 어리석다는 사실과 함께 남에게 인정받고자 하는 욕심이 과하다는 사실도 더불어 말해준다.

아빠는 말한다.

격한 용어를 많이 쓰는 사람들을 걸러라.

감정은 생각보다 많이 널뛴다

언젠가 벤치에 앉아 사람들을 지켜본 적이 있다. 그리고 희한한 사실을 알게 되었는데, 사람의 움직임이 우리가 생각하는 것보다 아주 많다는 거였어. 사람은 한시라도 가만히 있는 법이 없지. 끊임없이 움직이고, 하다못해 표정이 계속 변한단다. 사람은 개나 고양이 같은 동물보다도 더 분주하게 움직이는 것 같아.

사람은 아주 예민하단다. 그렇기에 사람의 감정 또한 아주 예민하지. 하루에도 몇 번씩 널뛰지. 기분이 좋다가도 금세 나빠지지. 그랬다가 누구의 말 한마디에 다시 금방 좋아지기도 하고. 세상의 모든 일을 다 해낼 듯 의기양양하다가도 금세 아무것도 하지 못할 듯 풀이 죽곤 하지.

그렇게 자신의 감정대로 살다가는 지칠뿐더러 피곤해지기 쉽다. 감정에 쏠려 있다가는 네가 바라는 진정한 삶의 길을 가기 힘들단다.

이렇게 오락가락하는 자신의 기분을 감정조절장애 때문이라며 그저 정신적인 문제로 치부해버리는 경우가 있어. 하지만 대부분의 널뛰는 감정은 그저 자신이 어리석고, 인내가 부족하기 때문이란다. 어떤 사람들은 자신이 분을 참지 못하고 화를 내는 것을 자신이 분노조절장애가 있어서 그런 거라고 고민도 않고 받아들인다. 이

경우도 마찬가지야. 스스로 어리석고, 자신이 인정받고 싶은 욕구
가 너무 강하고, 인내가 부족해서 그런 경우가 대부분이지.

　그러니 너는 자신의 감정을 적절히 통제하거라. 항상 약간 기분
좋은 상태를 유지하기 위해 애쓰거라.

　　　아빠는 말한다. **감 정 은　생 각 보 다　많 이　널 뛴 다 .**

졸음을 참으며 공부하지 마라

몽롱한 상태로 공부하지 말거라. 샤프심으로 허벅지 눌러가며 공부하지 말거라.

졸음을 참으며 공부하는 것은 자기 자신한테 심각하게 불안정한 마음을 생기게 하며, 만족감과 욕구를 저하시킨단다. 해야 하는 것과 하고자 원하는 것이 불일치되는 것은 점차 자신의 의지를 꺾어버리지.

졸릴 때 하는 공부는 안 하느니만 못하다. 졸리면 그냥 자거라.

아빠는 말한다. 졸음을 참으면서 공부하지 마라.

여기가 한계라고 생각되면,
한 걸음만 더 내딛어라

그래. 힘들 거야. 심장은 터질 듯이 쿵쾅거리고, 온몸은 땀으로 뒤범벅이 되어 있겠지. 눈앞에는 아무것도 안 보이고, 입에서는 단내가 날 거고, 더 이상 아무것도 못 할 만큼 지쳤을 거야. 하지만 그럴 때 한 걸음만 더 내딛거라. 두 걸음도 필요 없다. 단지 한 걸음만 더 내딛으면 된다. 그뿐이야.

아빠는 말한다.

더 이상 갈 수 없다고 느껴질 때,

이것이 너의 한계라고 느껴질 때,

한 걸음만 더 내딛어라.

남을 위해 자신을 희생하는 사람들을 존경해라

남을 위해 자신을 희생하는 사람들이 있다. 남들이 알아주든 안 알아주든, 타인에게 자기 것을 기꺼이 내어주는 사람들이지.

남을 위한 희생은 자비이며, 고귀함 그 자체이다. 세상 모든 것이 변한다 한들, 이 고귀한 정신과 마음이 세상에서 존경받아야 할 최고의 정신이라는 사실은 변하지 않아. 인간의 역사가 지속되는 한 그들은 영원히 추앙받아야 할 사람들이다.

그런 삶을 산다는 것은 어렵단다. 그렇기에 네가 그런 삶을 살지 못해도 좋다. 다만 그들을 존경하거라.

아빠는 말한다.
남을 위해 자신을 희생하는 사람들을 존경해라.

세상에 새로운 것은 거의 없다

살다 보면, 나 홀로 새로운 사실을 깨닫게 되었다고 느껴질 때가 있어. 다른 사람이 모르는 것을 나 혼자만 알게 된 것 같아 우쭐해지지. 하지만 알고 보면 그런 사실의 대부분은 다른 사람들도 알고 있는 사실이며, 아주 오래전부터 잘 알려진 것들이야. 세상에 태어나 모든 새로운 것들에 신기해하던 어릴 적 네 모습이 삶 속에서 계속되고 있는 거지.

그래도 그런 너의 생각과 모습이 잘못되었다고 말하고 싶지는 않아. 그건 인간 본연의 모습이며, 너 자신을 스스로 인정해주는 힘이지. 그리고 그런 생각들 중 백에 하나 혹은 열에 하나는 세상에서 너만이 발견해낸 새로운 것일 수도 있어. 다만 세상에서 너만 알고 있는 무언가를 찾아내었다는 생각이 들 때, 거만해지는 것을 경계하고 좀 더 겸손해지길 바랄 뿐이다.

아빠는 말한다. **세상에 새로운 것은 거의 없다.**

기다림의 묘미를 느껴라

낚시를 좋아하는 사람들은 물고기를 잡을 때의 쾌감을 느끼기 위해 몇 시간을 움직이지 않고 찌를 바라본단다. 맛있는 것은 남겨놨다가 나중에 먹는 사람들도 있어. 주말이 가는 아쉬움을 달래기 위해, 금요일 오후에 인터넷쇼핑을 하는 사람들도 있지.

기다림에는 마음을 들뜨게 하는 효과가 있다. 세상의 힘든 모든 것을 잊고, 기다림의 대상을 바라보게 만든다. 소설 《어린 왕자》에서 사막의 여우가 한 말처럼, 기다리고 있던 그 순간보다도 한참 이전부터 너는 행복해지기 시작할 거야.

아빠는 말한다.

기다림의 묘미를 느껴라.

그리고 그것을 삶에 이용해라.

프레임, 사상, 이데올로기에
갇히지 마라

프레임, 사상, 이데올로기라는 것은 인간 문명의 처음에는 없었던 것들이다. 이러한 것들은 시간이 흐르면서 사람들을 통제하기 위해 나온 것이지. 이러한 것들에 빠져 보내기에 삶은 너무도 짧단다. 그러니 그러한 것들에 시간 낭비하지 말거라.

그런 것에 쓸 시간이 있다면, 실리에 충실하거라. 생존하기 위해 인간이 알아야 하는 것을 배우는 데 시간을 보내거라.

아빠는 말한다.

프레임, 사상, 이데올로기에 갇히지 마라.

오로지 너의 실리에 눈을 향해라.

가능한 한
네 손으로 직접 해라

네가 할 수 있는 일이라면, 네 손으로 직접 하거라. 어리석은 사람들 때문에 일이 어그러지게 놔두지 말거라. 다른 사람 때문에 일이 어그러졌을 때, 너의 잘못된 선택에 대한 후회와 일을 망친 그 사람에 대한 미움은 떨치기가 쉽지 않단다.

네가 할 수 있을지 확실하지 않을 때도 네 손으로 직접 하거라. 많은 것을 경험하고 배울 수 있을 거야. 네가 할 수 없는 일임이 확실하다 판단되면, 너 자신만큼 신뢰할 수 있는 다른 사람에게 도움을 청하거라. 그리고 그 일조차도 네가 할 수 있을지 없을지 확실하지 않다고 판단되면 그때 네 손으로 직접 해라.

너의 능력을 키우고, 그에 대한 책임감을 키워야 한다.

아빠는 말한다. **되도록 네 손으로 직접 해라.**

대부분의 슬픔은 무게가 같다

기쁜 일에는 조금 기쁜 일과 아주 많이 기쁜 일이 다르게 느껴지지. 미소 지을 만한 일이 있고, 나도 모르게 입꼬리가 귀에 걸리는 일이 있다.

하지만 슬픈 일들은 거의 무게가 같단다. 슬픈 일들은 그것이 어떤 일이든지, 너에게는 참기 어려운 슬픔으로 다가오지. 고통과 아픔도 그렇단다. 종잇장에 손가락을 베었을 때조차도, 문의 모서리에 엄지발가락을 부딪혔을 때조차도, 세상에서 가장 큰 아픔을 맛본 듯한 느낌이 들지. 그러니 슬픔, 아픔, 고통에 무뎌져라.

아빠는 말한다.

대부분의 슬픔은 무게가 같다.

뛰지 마라

병원에서는 응급소생술이 필요한 환자가 생겼을 때를 제외하고는 뛰지 말라고 가르친다. 언제나 침착하게 이성을 유지하라는 뜻이지.

당황하지 말거라. 조바심을 내지 말거라. 침착함과 이성을 잃지 말거라.

아빠는 말한다.
뛰지 마라.
급할수록 천천히 가는 거다.

사람들은 너에게 관심이 없다

재수할 때의 일이다. 어느 날 너무 몸이 아파 학원에 나가지 못했어. 침대에 누워 생각했지.

'내가 학원을 빠져서 친구들이 놀랐겠지?'

다음 날 학원에 갔을 때, 오히려 아빠가 놀랐어. 아무도 전날 내가 학원 결석한 것을 몰랐거든.

사람들은 자기 삶을 살아내기 바쁘단다. 자신의 등에 짊어진 삶의 무게에 허덕이며 삶을 살아갈 뿐, 남들의 등에 지워진 짐을 바라볼 여유가 없어. 그렇기에 사람들은 남들이 어떻게 사는지 별로 관심이 없지. 사랑하는 사이, 가족, 아주 친한 친구라면 모를까, 다른 사람들은 네가 어떻게 사는지 큰 관심 없단다.

그러니 남의 눈 신경 쓰지 말고, 네 삶을 살거라.

<u>아빠는 말한다.</u> 사 람 들 은 너 에 게 관 심 이 없 다 .

월급의 힘을 무시하지 마라

'이 월급 받으려 이렇게 살아야 하나?' 하는 생각이 들 때가 있을 거야. '한 달에 얼마 안 되는 월급, 그까짓 것 안 받으면 그만이지' 하는 생각이 들 때도 있겠지.

하지만 월급이라는 것이 얼마 안 되는 것 같아 보여도, 계속 나온 다는 측면에서 생각하면 무시할 수 없단다. 월급을 받지 않는 상태 로 이전의 삶을 유지하면, 조만간 거덜 나게 마련이다.

아빠는 말한다. **월급의 힘을 무시하지 마라.**

한국에서 태어난 것은
큰 축복이다

살다 보면 내가 사는 이곳, 한국이라는 곳에 대해 많은 생각을 하게 된다.

운전해서 가면 몇 시간 만에 모든 곳을 갈 수 있는 나라, 강대국 사이에 끼어 항상 주변국들에 대해 경계를 늦출 수 없는 나라, 그리고 그마저도 분단되어 같은 민족끼리 나라가 찢긴 채로 총을 겨누고 있는 나라. 매일매일 뉴스거리는 좋지 않은 것들뿐인 나라, 국민들은 서로 헐뜯고 깎아내리기에 혈안인 나라, 아무리 가라앉히고 싶어도 참을 수 없는 분노가 싹트는 나라, 한국……

왜 이런 나라에서 태어났을까 하는 원망도 들 거야. 하지만 우리나라는 위대한 나라란다. 역사책에 윤리책에 그렇게 쓰여 있고, 그처럼 교육받았기 때문에 아빠가 이렇게 생각하는 것은 아니야. 다른 나라를 다녀보고, 많은 외국인과 이야기를 해보면, 한국인이 어떤 사람들인지 잘 알 수 있거든.

한국인은 머리가 좋단다. 금방 배우고, 금세 따라 하지. 아빠는 세계 어디에서도 한국인들처럼 머리가 좋은 사람들을 본 적이 없어.

지금은 그저 과도기일 뿐이야. 다른 선진국들이 수백 년에 걸쳐서 해온 성장 과정을 우리는 수십 년 만에 해내고 있거든. 다른 나라에서는 그 오랜 시간 불거졌던 부작용과 병폐를 우리나라는 최근

수십 년 만에 다 겪고 해결해가고 있거든. 이 질곡의 시간이 지난다면, 우리나라가 세계의 중심이 될 것이라고 아빠는 믿어.

조만간 우리는 문제를 해결해낼 거야. 그리고 한 단계 높은 새로운 세계로 들어갈 거야.

우리나라는 동양 사상과 서양 사상이 만나는 곳이란다. 수세기 동안 서양의 학문과 기술 발전이 워낙 놀라웠기에 동양에서 그것들을 받아들이는 형국이 되었지만, 역사상 동양문명은 서양문명보다 우위에 있었어. 시간이 지나면, 다시 동양의 지혜가 필요할 날들이 올 것이고, 그런 날에 동양의 문화와 서양의 문화가 접목된 곳에서 산다는 것은 큰 힘이 될 거야.

한국어를 할 수 있다는 것, 그리고 그 안에 스며든 한국 문화를 이해한다는 것은 참으로 다행스러운 일이지.

아빠는 한때 '우리나라의 언어가 영어였으면 얼마나 좋을까?' 하는 어리석은 생각도 했었단다. 하지만 지금에 이르러 생각해보면, 한국어와 영어를 함께 말할 수 있는 것은 참으로 축복받은 일이지 싶어. 동양문명과 서양문명을 모두 다 맛보며 살아갈 수 있으니까.

아빠는 말한다.

우리나라에서 태어난 것을 원망하지 마라.

그것은 오히려 축복이다.

음식에 예민해지지 마라

인생은 먹고 싶은 것 먹으며 사는 거야. 여유가 있을 때는 비싼 것도 사 먹어보고, 여유가 없을 때는 싼 것도 사 먹고 그러는 거다.

비싼 것 사 먹는다고 더 건강해지는 것도, 싼 것 사 먹는다고 덜 건강해지는 것도 아니다. 그저 배고프니까 음식을 먹는 거지.

언론에서 어떤 음식이 몸에 해롭다고 해서, 그동안 많이 먹어왔는데 어떡하나 걱정하지 말거라. 지난 몇 년간 언론에 보도된 해로운 음식을 생각하면 먹을 음식은 하나도 없으니까. 언론에서 어떤 음식이 몸에 좋다고 해서, 찾아다니며 먹지 말거라. 조만간 몸에 해롭다고 뉴스에 나올 거니까.

네가 먹고 싶고, 먹으면 맛있는 음식을 그냥 먹거라.

<u>아빠는 말한다.</u> **음식에 예민해지지 마라.**

가족을 소중히 여겨라

위기가 닥쳤을 때, 모든 것을 잃었을 때, 곁에는 가족밖에 남지 않을 거야.

네가 돈을 잃으면 너의 돈을 보고 곁에 머물러 있던 사람들이 떠나가며, 네가 사회적 지위를 잃으면 너의 지위를 보고 곁에 머물던 사람들이 떠나가며, 네가 명예를 잃으면 사람들은 자신의 명예마저 더럽혀질까 봐 떠나간다. 가족이 평상시 곁에 있다 하여 가장 소중한 것의 가치를 보지 못하는 실수를 범하지 말거라.

네가 힘들 때, 너에게 힘이 되어주는 존재는 가족뿐이란다. 가족은 너에게 바라는 것이 없지. 가족은 그저 가족이기에 네 곁에서 항상 너를 걱정하고 지켜준다.

그러니 평소에 가족을 소중히 여기거라. 함께 맛있는 것도 많이 먹고, 여행도 많이 다니고, 대화도 많이 나누거라.

한편, 네가 힘들 때 떠날 것 같은 주변인들은 미리미리 솎아내거라. 가능한 한 그런 사람들은 애초에 경계하고 피하거라.

아빠는 말한다. **가족을 소중히 여겨라.**

증오 때문에
너 자신을 해치지 마라

세상에는 재수 없는 사람들이 있게 마련이다. 심지어 죽어버렸으면 좋을 것 같은 사람들도 있지. 그 사람에 대한 감정이 미움을 넘어 증오가 될 때가 있다. 하지만 그러한 사람들은 이상하리만큼 죽지도 않고, 회사에서 짤리지도 않을뿐더러 계속 네 주위를 맴돌며 너를 힘들게 하지.

그런 사람들 때문에 너의 소중한 인생을 병들게 하지 말거라. 네 소중한 삶이 그런 사람들 때문에 타버려서 검은 재만 남도록 놔두지 말거라. 증오의 대가로 너의 인생을 제물로 바치는 어리석은 짓은 하지 말거라.

그럴 때일수록 네 삶에 집중해야 해. 다른 때보다 좀 더 이기적으로 네 삶을 챙기거라. 좀 더 돈을 벌기 위해 힘쓰고, 좀 더 성과를 내기 위해 힘쓰고, 좀 더 참되게 살기 위해 힘쓰거라. 네가 잘되는 모습에 그가 부러움과 질투심을 느낄 정도로 네 삶에 매진하거라.

아빠는 말한다.
남을 향한 증오 때문에 너 자신을 해치지 마라.
그에게 증오가 느껴질 때,
그때가 네 삶에 좀 더 집중할 때이다.

다른 사람을 무시하지 마라

돈 없다고 사람을 무시하지 말거라. 네가 돈이 없다면 너와 같은 사람이고, 네가 돈이 있다면 너보다 더 힘들게 살아가는 사람이니까.

사회적 지위가 낮다고 사람을 무시하지 말거라. 네 사회적 지위가 낮다면 너와 같은 사람이고, 네 사회적 지위가 높다면 너보다 더 힘들게 살아가는 사람이니까.

세상에서 가장 비열한 짓이 남을 깎아내려 자신을 높이려는 행위이다. 이처럼 어리석고 참되지 못한 사람의 모습도 없을 거야.

한편, 미친 사람은 더욱 무시하지 말거라. 칼 맞는다.

아빠는 말한다.

다른 사람을 무시하지 마라.

모두 다 이 힘든 세상 어렵게 살아가는 사람들이다.

처음 한 번에 되지 않는 일들은
고달픔이 따른다

살다 보면 다른 사람의 허락이나 동의가 필요한 일들이 있어. 세상의 많은 일이 이에 속하지. 이런 일들은 처음 한 번에 성사되지 않는다면, 그 일을 이루기 위해 고달픈 과정을 거쳐야 해. 이는 같은 목적지를 가기 위해 아주 먼 길을 돌아가야 함을 의미하지.

처음 그 기회에는 상대방도 너에 대한 정보가 완전하지 못하기 때문에 방심하고 결정을 하는 경우가 많아. 그렇기에 너에게 허점이 있을지라도 이를 인식하지 못하고 수락하기도 하지만, 한 번 거절하게 되면 이후에는 상대방 자신의 결정을 합리화시키고 근거 있는 것으로 만들기 위해 너의 그 허점을 더욱 크게 볼 거야. 그리 크지 않은 작은 결점조차 크게 바라보는 거지.

그러니 처음의 기회를 잡아야 한다. 최대한 문제 없이 준비하고, 서류적인 측면에서도 오점을 남기지 말거라. 그 기회를 놓친다면, 상대방의 허락이나 동의라는 똑같은 결과물을 얻기 위해 고달플 테고, 번거로움을 감수해야 한다.

때로는 당장에 성사되기 어려워 보이는 일들이 있단다. 그럴 경우, 그 일의 첫 기회를 나중으로 미루거라. 늦게 첫 기회를 잡는 것이 처음의 기회를 놓치고 돌아가는 것보다 오히려 빠르니까.

아빠는 말한다.

처음 한 번에 되지 않은 일들은

고달픔이 따른다.

힘이 들 때,
더 힘들었던 과거를 떠올려라

재수하면서 가장 듣기 싫었던 것은 "대학 가니 별거 없다. 오히려 입시 공부할 때가 더 낫다" 하는 대학교 친구들의 말이었어.

사람은 망각의 동물이다. 개구리가 올챙이 적 생각 못 한다는 말이 웃어넘길 속담은 아닌 거 같아. 많은 이가 힘든 옛적 일을 금세 잊어버리잖니.

힘이 들면, 더 힘이 들었던 과거를 생각해보거라. 아름답고 밝은 미래에 대한 희망보다도 힘들었던 과거에 대한 회상이 지친 현재의 삶에 더욱 힘이 된단다.

대학생활이 힘들면, 대학에 들어오기 위해 고생했던 과거를 생각하거라. 직장생활이 힘들면, 직장에 들어오기 위해 고생했던 과거를 생각하거라. 삶이 힘들면, 더 힘든 시간을 보내던 과거를 생각하거라.

아빠는 정신적으로 힘들 때, 아무런 희망도 없이 모든 것을 접고 싶었던 과거를 떠올린단다. 아빠는 육체적으로 힘들 때, 일어서기도 힘들 정도로 아픈 무릎으로 왕복 100킬로미터를 절뚝절뚝 걸었던 훈련소에서의 행군을 떠올린단다.

힘들 때뿐만이 아니다. 힘들지 않을 때도 항상 과거의 일은 마음에 품어야 해. 아빠는 어렸을 적 어머니가 쥐어준 100원짜리 하나

들고 소풍 간 기억을 마음에 담고, 돈을 아낀단다. 아빠는 사고 때문에 앞날이 보이지 않았던 예전의 그날들을 떠올리며 열심히 일을 한다.

아빠는 말한다.
항상 힘들었던 과거를 잊지 마라.
그것은 힘들 때 위안이 되며,
힘들지 않을 때도 교만에 빠지지 않도록 인도한다.

보수 정치가와 진보 정치가는
모두 정치가일 뿐이다

정계에는 크게 보수 정치가와 진보 정치가가 있다. 보수 정치가들이 주장하면 진보 정치가들이 반박하고, 이에 대해서 보수 정치가들이 또 반박하지. 마치 핑퐁처럼 말이야.

유심히 살펴보거라, 보수 정치가와 진보 정치가가 정말로 서로 적인지를. 그들은 적이 아니란다. 그들은 한편이야. 그들은 그저 정치가일 뿐이거든. 정치판이 그들의 놀이터이고, 그렇기에 그곳에서 놀고 있는 거지. 거기에서 노는 것이 그들에게는 재미난 일이고, 그들의 소꿉놀이이자 직업인 거지.

또 하나 알아두어야 할 사실이 있어. 그들은 기득권층이자 지배층이라는 사실이야. 그들은 기존에 자신들이 가지고 있는 것들을 지키고, 더 많은 것을 얻기 위해 모든 수단과 방법을 사용한단다.

보수 세력과 진보 세력은 싸움처럼 위장한 그들의 놀이일 뿐이다. 그러니 휘둘리지 말고 크게 보거라. 그들의 프레임을 꿰뚫어 보거라. 그들이 씌우려 하는 프레임에 갇히지 말거라.

아빠는 말한다.

보수 정치가와 진보 정치가 모두 정치가일 뿐이다.

신은 미지의 세계에 대한 은유이다

세상은 모르는 것들로 가득 차 있다. 인간은 이 미지의 세계에 대해 자신이 알지 못한다는 것을 표현하기 위해 신이라는 존재를 만들었어. 이 또한 자신에게 인정받고자 하는 삶의 욕구의 또 다른 표현방식일 거야.

세상에는 이해할 수 없는 것도 있지만, 인간은 그런 지적 한계를 받아들이지 못하고 신이라는 존재를 만들어. 인간의 형상을 한 미지의 존재를 만들어내는 거지.

아들아, 신을 믿어도 좋다. 신을 믿지 않아도 좋고.

다만, 세상에는 우리의 이해를 벗어나는 일이 많음을 알아야 한다. 기적이라고 표현할 수밖에 없는 일이 너무나 많지.

신을 믿든 신을 믿지 않든, 네가 세상의 모든 것을 다 알 수 있다는 교만함에 빠지지 말거라. 인간의 짧은 삶 속에서 세상의 이치를 다 알 수 없는 것은 당연하다. 이걸 염두에 두고 너의 삶을 최대한 열심히 살거라.

아빠는 말한다. **신은 미지에 대한 은유이다.**

맨 앞에서 달리지 마라

　사람들은 말하지. 세상은 1등만 기억해준다고, 아무도 2등은 기억해주지 않는다고…….

　하지만 가장 앞에서 달리는 것은 모든 비바람을 먼저 맞는 것을 뜻한단다. 쉽게 지칠뿐더러 앞으로 좀 더 나가는 것도 쉽지 않지. 쫓아오는 2등에게 선두를 내줄까 봐 항상 불안하다. 가장 앞에서 달린다는 것은 모든 사람의 눈앞에 든다는 것이며, 이는 그들의 시기와 질투 대상으로 일순위가 됨을 의미해.

　그러니 뒤에서 가거라. 1등이 만들어놓은 발자국을 보며 따라가거라. 비바람은 그 사람이 맞게 놔두거라. 최고라는 영예가 다른 사람에게 주어지는 것을 아쉬워하지 말거라.

　계속 뒤에서 가거라. 앞에 가던 사람이 쓰러지면, 다른 사람이 앞에 가게 놔두거라. 다른 사람에게 인정받기를 원하지만, 정작 제 앞에 펼쳐지는 불운을 보지 못하는 바보는 세상에 널렸단다.

　계속 그렇게 가거라. 그러다 마지막 결승선이 앞에 보인다 싶으면, 그동안 모아둔 힘을 다해 달리거라. 그리고 최후의 영광이 너에게 오도록 하거라.

　결승선인 줄 알고 통과했는데, 이것이 마지막인 줄 알고 최선을 다해 1등으로 통과했는데, 통과하고 보니 아직 달리기가 끝나지 않앞음을 깨달을 때가 있다. 그럴 때는 슬그머니 뒤로 가는 거다. 그리고 다시 앞선 1등을 바라보며 달리거라.

하지만 그렇기에 항상 2등의 위치를 지키는 것은 1등을 하는 것보다 더욱 힘들 수도 있단다. 그리고 자신이 일부러 1등의 뒤에서 달리고 있음을 다른 사람에게 들키지 않으면서 2등의 길을 가는 것 또한 쉬운 일은 아니란다.

<u>아빠는 말한다.</u> 맨 앞 에 서 달 리 지 마 라 .

몸과 마음은
어떤 면에서 컴퓨터와 같다

시간이 되면 고장 나게 마련인 하드웨어처럼 우리 몸도 나이가 들수록 고장이 난다.

정보를 입력하고, 저장하고, 출력하는 컴퓨터의 메인 장치처럼, 우리의 머리와 마음은 움직이지. 오래된 소프트웨어를 새것으로 업데이트해주지 않으면 시대에 적응 못 하듯, 우리의 지식도 업데이트를 해주어야 한단다.

더 좋은 하드웨어와 더 좋은 소프트웨어를 가지고 있으면 일을 빨리 그리고 수월하게 할 수 있듯, 건강한 몸과 지혜로운 머리와 마음으로 더욱 수월하게 세상을 살 수 있어.

컴퓨터에 너무 많은 프로그램이 로딩되면 버벅대다가 멈춰버리듯, 우리의 머리와 마음도 멈춰버리지. 그런 일이 반복되면 컴퓨터를 포맷하듯, 우리의 머리와 마음에도 포맷이 필요하지.

인간을 컴퓨터처럼 바라보는 생각은 복잡한 세상의 고통들을 조금이나마 달래주기도 한단다.

아빠는 말한다.

몸과 마음은 어떤 면에서 컴퓨터와 같다.

할 일 없다고
일을 벌이지 마라

아무리 바쁜 사람도 가끔은 일 없는 시기가 생기고 무료해진다. 이럴 때 사람들은 일에 치여 허덕이던 자신의 모습을 잊고, 자신이 무언가 좀 더 큰일을 해낼 수 있으리라 여기지.

하지만 이럴 때 일을 벌이면 안 된다. 얼마 지나지 않아 원래의 인생 패턴이 찾아오면, 그간 벌인 일은 또 하나의 짐이 되어 너를 괴롭힐 거야.

일이 없을 때는 일이 없음을 즐기거라. 그저 여유를 즐기거라. 정심심해서 못 참겠다면, 집안 청소도 하고, 책도 보거라.

아빠는 말한다.

일이 없을 때 다른 일을 벌이지 마라.

웅얼대지 마라

말은 의사소통을 위한 도구이다.

말하는 내용이 자신이 잘 아는 내용이라고 해서 큰 소리로 힘 있게 얘기하고, 말하는 내용이 자신이 잘 모르는 내용이라고 해서 작은 소리로 힘없이 얘기하지 말거라.

네가 아는 것을 얘기하고, 모르는 것은 모른다고 얘기하거라. 너 자신의 의견을 정리해서 남에게 이야기하는 것이 중요하단다.

아빠는 말한다.
웅얼웅얼 기어 들어가는 목소리로 얘기하지 마라.

말을 내뱉기 전에
세 번의 기회를 확인해라

말을 내뱉기 전까지 세 번의 기회가 주어진다고 해. 머리에서 한 번, 가슴에서 한 번, 입에서 한 번.

아무 말이나 내뱉지 말거라.

언제나 말을 하기 전 세 번의 기회를 생각하거라.

살다 보면 해도 되는 말보다 해서는 안 되는 말이 훨씬 더 많음을 알게 될 거야.

세 번의 기회를 생각하지 않고 내키는 대로 말할 생각이라면 침묵하는 게 나을 거야.

아빠는 말한다.

말을 내뱉기 전에 세 번의 기회를 확인해라.

명언을 마주했을 때 보일 수 있는 반응은
감동받거나 비웃거나
둘 중 하나여야 한다

세상에는 많은 명언이 존재한다. 많은 사람이 살다 간 세상인 만큼, 많은 명언이 존재할 수밖에!

명언을 마주했을 때 보일 수 있는 반응은 그 명언에 감동받거나 비웃거나 둘 중 하나여야 해. 명언을 마주하고도 감동받지 않거나 비웃지 못한다면, 너는 아직 어리석은 거다. 진실된 명언에 감동받지 못하고, 거짓된 명언을 비웃지도 못하고, 그 말의 의미를 이해하지 못한 채 고개만 갸우뚱거린다면? 너는 아직 배워야 할 지혜가 남은 거란다.

여러 명언을 읽어보거라. 그리고 네 지혜의 그릇을 확인하거라.

아빠는 말한다.

**명언을 마주했을 때 보일 수 있는 반응은
감동받거나 비웃거나 둘 중 하나여야 한다.**

위인전기를 모두 다 믿지 마라

전설이 된 사람들의 이야기를 전부 다 믿지는 말거라. 위인들이 완전한 삶을 살다 갔다는 믿음은 너 자신의 꿈을 꺾어버린단다. 위인전기에 나온 그들의 삶을 따르려 하면 할수록 작아지는 너의 모습을 보게 될 테니까. 그들은 그저 너처럼 이 세상에서 살다가 간 사람들 중 하나일 뿐이야.

위인들이 남긴 말들을 절대적으로 신봉하지 말거라. 그냥 한번 내뱉은 말일 수도 있으니까. 위인전기에 나온 사람 대부분은 원래 집이 부유했고, 이래저래 다른 일반인들보다 훨씬 더 많은 기회를 얻었던 사람들이다. 그렇기에 그들의 삶은 대부분의 사람이 따라갈 수 없으며, 전설로 치장되어 더욱더 따라가기 힘든 먼 나라의 이야기이지.

그런 사람들이 말하는 실패하지 않는 법, 성공하는 법 등은 대부분의 사람에게 적용되지 않음을 염두에 두거라.

아빠는 말한다.

위인전기에 나오는 이야기를 다 믿지 마라.
그것을 믿고 추구하느니,
네가 새로운 위인이 되는 게 더 빠를 것이다.

너의 보물은
마음속 깊이 간직해라

　살다 보면 소중한 것들이 생긴다. 네 마음속에 담고 있는 그 보물을 다른 사람에게도 보여주고 싶어서 입이 근질거릴 거야. 하지만 참아야 한다. 남들에게 말하지 말거라. 그러한 것들에 관심이 없던 다른 사람들도 네 말을 듣고서는 그것이 보물임을 알게 되고, 빼앗으려 할 테니까.

　네가 살면서 느끼게 되는 가장 가치 있는 것들, 꿈들을 마음속 깊이 간직하거라. 네 보물을 어루만져주고, 빛이 나도록 닦거라.

　다른 사람에게 네 보물에 대해 말을 내뱉고 나면 그 보물의 가치는 마치 터진 베개의 깃털처럼 여기저기 날아가버릴 거야. 그것에 대해 말을 하면 할수록 너의 보물은 빛이 바래고, 바람 빠진 풍선처럼 쪼그라들 거야.

아빠는 말한다.

너의 보물은 마음속 깊이 간직해라.
누구에게도 너의 보물을 보여주지 마라.

인연이 끝난 사람과
다시 만나지 마라

인연은 만남, 지속, 헤어짐의 연속이란다.

한 번 헤어지면 인연은 끝난 거다.

오랫동안 소식 모르고 지냈던 동창생이 만나자고 연락이 온다면 만나지 말거라. 문자로 '잘 지내?', '잘 지내' 하면 끝인 거다.

오래전에 헤어진 연인이 만나자고 연락이 온다면 만나지 말거라. 문자로 '잘 지내?', '잘 지내' 하면 끝인 거다.

상대방에 대해 잘 모르면, 당연히 만나서는 안 된다. 상대방에 대해 잘 알고 있더라도, 그 사람이 좋은 사람이었다고 기억하더라도 만나서는 안 된다. 사람은 변하니까. 사람 스스로도 변하고, 세상에 의해서도 변한단다. 그는 더 이상 천진난만하게 장난치고 놀던 친구가 아니며, 너를 위해 모든 걸 다 해줄 것 같았던 연인이 아니란다.

아빠는 말한다.

인연이 끝난 사람과 다시 만나지 마라.

일은 하나씩만 해라

여러 일을 한꺼번에 진행해 마치겠다는 생각은 하지 말거라. 여러 일을 한꺼번에 벌이면, 그중에 마칠 수 있는 일은 거의 없단다. 그리고 그나마 끝마친 그 일마저도 제대로 되지 않은 경우가 많지.

아빠는 말한다.

일은 하나씩 해라.

하나 마치고, 다음 일을 하는 거다.

놀 때는 제대로 놀아라

다른 사람들은 술 마시면서 즐겁게 얘기하고 있는데, 자기 혼자 세상의 근심을 다 짊어진 듯 오만상 쓰고 있는 사람처럼 불편한 사람은 없다.

놀 때는 제대로 놀거라. 제대로 취하고, 제대로 춤추거라.

후회 없이 놀거라. 놀고 있는 그 시간도 너의 인생임을 잊지 말거라.

아빠는 말한다. 놀 때는 제대로 확실히 놀아라.

포기하는 자는 절대 이길 수 없고,
이기는 자는 절대 포기하지 않는다

이런 말이 있다.

"포기하는 자는 절대 이길 수 없고, 이기는 자는 절대 포기하지 않는다."

그러니 이기고 싶다면, 절대 포기하지 말거라.

아빠는 말한다.

포기하는 자는 절대 이길 수 없고,

이기는 자는 절대 포기하지 않는다.

세상에 눈을 뜨면 슬프다

세상은 쇼다.

어리석은 인간을 가지고, 그 어리석은 인간의 노동력과 얼마 안되는 자본을 갈취하기 위해, 조금 더 위의 계급에 놓인 사람들이 쇼를 한다. 그리고 이들을 갈취하기 위해 더 위에 놓인 사람들이 쇼를 하지.

세상은 슬픈 곳이다. 잔인하고 처참한 곳이다.

하지만 그렇다고 해서 눈을 감고, 귀를 막은 채로 노래만 흥얼거리며 살 수는 없는 노릇이다. 거짓 세상을 보여주는 파란색 약을 먹고 행복해하며 웃으면서 산들 그것은 사는 게 아니지.

세상을 있는 그대로 바라보거라. 슬픈 세상이면 슬픈 세상으로, 아픈 세상이면 아픈 세상으로!

아빠는 말한다. 세상은 슬픈 곳이다.

가까이할 수 없는 사랑,
그리고 멀리할 수 없는 증오

세상은 바라는 대로 되지 않는 것이 그 속성이기에, 살다 보면 이런 감정적인 불꽃놀이를 만날 수가 있어. 쉬지 않고 뿜어 나오는 아드레날린의 향연들…….

가까이할 수 없는 사랑, 그리고 멀리할 수 없는 증오. 이 두 가지는 사람을 피폐하게 만들지만, 이겨낼 수 있다면 너에게 세상 그 어느 것보다도 큰 배움을 너에게 줄 거야.

물론 그 배움을 위해서는 피폐한 정신적 시기를 이겨내야 한단다.

아빠는 말한다.
사랑하는 이를 가까이할 수 없다 하여,
증오하는 이를 멀리할 수 없다 하여,
좌절하고 포기하지 마라.

어리석음은 전염되기 쉽다

많은 사람이 어리석다. 그렇기에 어리석은 한 가지 생각은 전염되기 쉽지. 어리석은 생각 하나는 주위의 어리석은 사람들로 하여금 순식간에 그 생각을 믿게 만들어.

반면, 지혜로운 사람은 많지 않다. 그렇기에 지혜로운 한 가지 생각은 퍼지지 않는다. 어리석은 사람들은 지혜로운 이야기에 귀 기울이지 않으며, 지혜로운 자들 또한 그 지혜로운 생각을 접하기가 쉽지 않아.

그렇기에 세상을 지배하는 신념과 지식 대부분은 어리석은 내용인 경우가 많단다.

아들아, 너는 좁은 길에 들어가기 위해 힘쓰거라. 지혜롭고 현명해지기 위해 힘쓰거라. 지혜로운 이야기에 귀를 기울이고, 어리석은 이야기를 등지거라.

아빠는 말한다. **어리석음은 전염되기 쉽다.**

자기최면을 걸려고
애쓰지 마라

아빠도 알고 있어. 끌어당김의 법칙이라든지 《시크릿》에 나오는 방법이라든지 그런 것들……. 자신이 원하는 미래를 간절히 원하고 바라면 우주의 기운을 끌어당겨서 그렇게 된다는 얘기들 말이야.

꿈을 이룬 많은 사람이 자신도 정말로 간절히 원하고 꿈꾸었더니, 그게 현실로 다가왔다고 말하곤 해. 그런데 여기서 간과해서는 안 되는 것이 있어. 모든 사람이 자신의 아름다운 미래를 간절히 바란다는 거야. 밖으로 드러내놓고 표현하는 사람들과 속으로 품고 있는 사람들로 나뉠 뿐이지, 모든 사람은 마음속 깊이 자신의 꿈이 이루어지길 갈망하거든. 그렇기에 자신의 꿈을 이룬 사람들은 모두 자신이 예전에 너무도 간절히 바랐다고 회상하지.

꿈을 이루지 못한 사람들은 의아해하지. '나는 정말 간절히 원했는데, 왜 꿈이 이루어지지 않는 거지?' 하고 말이야. 그렇다면 끌어당김의 법칙 이야기를 하는 사람들은 말하지.

"너의 바람이 약한 것 같아. 정말 간절히, 아주 간절히, 마치 네가 꿈꾸는 미래가 현실로 다가온 것처럼 아주 생생하게 바라고 기도해야 하는 거야."

끌어당김의 법칙 같은 것들은 자기최면의 일종이란다. 자신의 마음속 깊은 자아의 눈을 가리는 거야. 자신의 현실은 낙관적이지 않은데, 그래서 미래 또한 낙관적일 수 없다는 믿음이 강한데, 마음속 깊은 자아에게 자기최면을 거는 거지. '아니야, 다 잘될 거야', '나는 돈을 많이 벌 거야', '나는 사장이 될 거야', '나는 시험에 합격할 거야' 하면서 말이지. 자기최면을 더욱 강하게 걸기 위해, 부자가 되고, 사장이 되고, 합격생이 된 자신의 모습을 머릿속에 그리는 거야. 그러고는 말하지.

"그래, 나는 할 수 있어!"

아들아. 너의 깊은 속마음, 자아라는 것은 바보가 아니란다. 네가 인식하는 너뿐만 아니라, 네가 잘 모르는 마음속 깊은 곳의 너도 모든 것을 보고, 느끼고, 판단한다. 인정받으려면 현실을 직시해야 하는데, 이와 같은 행동은 네가 너의 마음속 깊은 자아에게 "너는 빠

져 있어"라고 말하고 있는 격이다. 남에게 인정받는, 자신에게 인정받는 미래를 얻고 싶은 마음에, 자아가 느끼는 현실은 온통 무시해 버리는 거지. 그렇게 시간이 흘러 언젠가 평소 움츠려 있던 자아가 밖으로 나와버리게 된다면, 네가 인식하는 너와 한판 싸움을 벌이게 되지. 그러면 망한 거야.

아들아, 자기최면 걸지 말거라. 맑은 눈으로 현실을 직시하거라. 사람들에게 칭찬을 받을 만큼 열심히 하거라. 누군가가 지나가면서 툭 던진 말 한마디, "너 그림 좀 그리는구나", "네 글 괜찮던데", "자네 참 보기 드물게 성실한 친구야" 하는 칭찬 한마디가 너 자신을 속이며 머리를 싸맨 채 스스로 주입했던 수백 마디의 말보다도 더 낫단다.

자아도 받아들이거든. '다른 사람들이 나에게 칭찬해주는 것을 보면, 내가 정말 이 일에 자질이 있나 봐' 하거든. 이럴 경우 네가 인식하는 너와 너의 마음속 깊은 자아가 서로 시너지 효과를 내면서, 꿈으로 향해 내달리기 시작하는 거야.

꿈을 이룬 사람들의 말을 다시 한 번 잘 곱씹어보거라. 간절히 꿈을 꾸었다는 내용 뒤에는 그 사람에게 그 꿈을 향해 내달릴 칭찬을 해준 사람들이 항상 있었단다. 그 칭찬이 그에게 모티브로 작용해서 꿈 실현의 가능성을 믿고 미친 듯이 달려가게 한 거지. 그렇게 보면 꿈을 이루는 비결은 꿈을 향한 간절한 기도보다는 우연히 듣게 된 칭찬일지도 모르겠어. '칭찬은 고래도 춤추게 한다'는 그 말이 정말 정답일지도 모르겠구나.

아빠는 말한다.

자기최면을 걸려고 애쓰지 마라.

현실을 직시하고 최선을 다해라,

누군가가 너에게 칭찬을 해줄 그날까지.

많이 배운다고
올바른 선택을 하는 것은 아니다

살다 보면 선택해야 하는 경우가 참 많다.

사람들은 생각하지. 많이 배우면 올바른 선택을 할 수 있다고.

아빠는 그렇게 생각하지 않는다. 많이 배운다고 올바른 선택을 하는 것은 아니란다.

선택하는 순간 네 모습을 잘 살펴보거라. 갑자기 나타나 선택하고 사라지는 네 안의 존재를 보게 될 거야. 생명력이라고 불러야 할지, 자아라고 불러야 할지, 어쨌든 그 존재는 마음속 깊은 곳에 있다가 선택할 순간에 불현듯 나타나 선택을 하고 유유히 사라진다.

지식, 지혜, 논리, 철학은 선택의 순간 나타나는 그 존재에게 아무 말 없이 길을 내주고, 손을 놓은 채 묵묵히 처다보고만 있다. 마치

원래 선택이라는 건 자기들 일이 아니라는 것처럼 말이야.

그렇기에 많이 배운다고 올바른 선택을 하는 것은 아니야. 하지만 네가 다그치고, 재촉해야 해. 뒷짐 지고 있는 지식, 지혜, 논리, 철학한테 다가가 이렇게 말하거라.

"이번에는 네가 좀 해봐. 저 친구가 항상 옳은 선택을 할 수 있는 건 아니잖아."

아빠는 말한다.
많이 배운다고 올바른 선택을 할 수 있는 것은 아니다.

사람을 관찰해라

사람을 관찰하다 보면, 그가 어떤 사람인지 알 수 있으며 그의 남은 삶까지도 어느 정도 짐작할 수 있지.

가까이해도 좋을 사람과 가까이해서는 안 될 사람을 구분하는 능력은 삶에서 가장 중요한 도구 중 하나가 된단다.

사람을 관찰하는 것, 그들이 태어나고 자라서 늙어 죽어가는 것을 바라보는 일은 삶에 대한 통찰과 지혜를 너에게 전해줄 거야.

아빠는 말한다. **사 람 을 관 찰 해 라 .**

너 자신의 길을 가라

너 자신의 빛을 좇거라.

누구에게 의존하지 말고, 너 자신의 빛이 인도하는 길을 가거라.

네 곁에 많은 사람이 있을지라도, 그 사람은 너와 같은 방향으로 가는 것일 뿐 네 길을 가는 것은 너 자신뿐이란다.

이 삶의 길은 너를 위해 만들어진 너를 위한 길이다.

<u>아빠는 말한다.</u> **너 자신의 길을 가라.**

창의적인 사람이 되어라

누구나 특별한 사람이 되고 싶어 한다. "다 그렇게 사는 거지"라고 말한다 해도, 그 말이 이러한 사실을 부정하는 의미를 가진 것은 아니지. 단지 특별해지면 좋겠지만, 특별하지 않아도 괜찮다는 이야기일 뿐이야.

자신이 다른 사람과 다른 독특한 사람이라는 것은 세상을 살맛나게 바꾼단다. 그리고 덤으로 나를 향한 다른 사람의 인정과 나를 향한 나 자신의 인정도 불러오지.

그러니 독특한 사람이 되거라. 창의적인 사람이 되거라. 일을 하나 하는 데도, 좀 더 나은 방법을 생각하거라. 인생살이에서도 너만의 새로운 삶을 만들거라. 그리고 네 삶의 주인이 되거라.

튀고 싶지 않다고 생각할지도 모른다. 그냥 둥글둥글하게 사는 게 좋다고 생각할지도 모른다. 걱정하지 말거라. 네가 아무리 튀고 싶어도, 다른 사람들은 네가 튄다고 생각하지 않을 테니까. 네 눈에는 아무리 둥근 돌에 튀어나온 모서리처럼 보이는 것들도, 다른 사람의 눈에는 모서리처럼 보이지 않을 테니까.

기본적으로 다른 사람들은 너에게 관심이 없단다. 네가 어떻게 살든 너의 삶에 관심이 없어. 그러니 네 삶의 주인이 되거라.

아빠는 말한다. **창의적인 사람이 되어라.**

자는 동안에도
돈 벌 방법을 찾아라

성실히 일하고, 이에 합당한 월급을 받는 것은 중요하다. 하지만 이는 안이한 생각이기도 해.

자는 동안 돈 벌 방법을 찾거라. 그러지 못하면 죽을 때까지 일만 해야 하니까.

대부분의 직업은 월급이 그리 많지 않거든. 그 정도의 월급을 가지고 여유로운 마음으로 살기란 어렵지. 그렇기에 너의 본업 외에 돈 될 만한 구석을 만들어놓아야 한단다.

주위를 둘러보면 자는 동안에도 돈을 벌 방법이 많다. 가치가 올라갈 것에 투자하는 것이다. 금융이라는 것에 눈을 떠, 이를 이용하는 것도 좋은 방법이 될 거야.

하지만 아빠는 네가 그 가치 있는 것을 직접 만들어내기를 권해. 지금 당장은 인정받지 못하는 가치더라도, 언젠가는 인정받을 수 있는 그런 것들을 창조하거라.

특허권이나 저작권에 관심을 가지는 것도 좋은 방법이야. 새로운 발명품을 만들고, 새로움 작품을 만들어내는 것은 금전적 이익뿐만 아니라 너의 정신을 항상 깨어 있게 해줄 테니까.

인생의 목표라는 게 있다면 그것은 죽도록 일하다가 눈 감는 것이 아니라, 너 자신에 대해 집중할 시간들을 더 많이 만들어내는 거란다.

아빠는 말한다.

자는 동안에도 돈 벌 방법을 찾아라.
그렇지 않으면, 평생 일만 해야 한다.

"나는 감기 따위 안 걸려"라고 말하지 마라

어릴 적 아빠는 아주 건강했다. 감기는 물론이고 잔병치레 한 번 없었지.

고등학교 때 어느 날 엄마, 그러니까 네 할머니가 말씀하셨다.

"감기 유행하니, 옷 단단히 입어라."

아빠는 의기양양하게 말했지.

"저는 감기 따위 안 걸려요."

그날 아빠는 감기에 심하게 걸렸고, 그날부터 지금까지 감기에서 장염에 이르기까지 여러 병을 끊임없이 앓으며 살고 있단다.

그것은 마치 내 주위를 둘러쌌던 결계가 풀리는 것과 같았지. 질병으로부터 나를 지켜주던 모든 힘을 단숨에 무력화시키는 그 말을 내가 한 것 같았어. 마치 건드려서는 안 될 스위치를 건드린 것처럼, 그 말 한마디 이후 아빠는 1년 내내 감기를 달고 살았어.

응급실에서 절대 해서는 안 될 말이 있단다.

"오늘 응급실 좀 한가하네."

"오늘 환자가 좀 없네."

아빠는 이 말을 무심코 내뱉었다가 금세 후회했지만, 이미 늦었더라. 말을 뱉음과 동시에 사이렌 소리가 가까워지면서, 한 구급차에서 네 명의 환자가 응급실로 들어오는 것을 보았거든.

여유로움에서 오는 방심의 말들, 자신의 곁에 머무르고 있는 행운을 업신여기는 그런 말들을 절대 하지 말거라. 행운은 너의 말을 듣고 있단다. 너의 언행에 따라 행운은 더 이상 네게 머물 필요를 못 느낄 때 다른 사람에게 떠나가버린다.

<u>아빠는 말한다.</u>
"나는 감기 따위 안 걸려"라고 말하지 마라.
네가 할 일은
그저 입 다물고 행운에 감사하는 것뿐이다.

잘 모르는 사람들에게
너에 대해 너무 많은 것을
알려주지 마라

누군가와의 첫 만남 시기에는 상대방이 너를 잘 모르듯 너 또한 상대방에 대해 잘 모르게 마련이지.

서로에 대한 신뢰가 부족한 상황에서 상대방에게 너에 대해 많은 것을 알려주는 것은 상대방에게 칼자루를 쥐어주는 것과 같단다.

너에 대한 정보는 상대방이 너를 업신여기는 빌미를 주거나, 상대방이 너를 이용할 도구를 제공하는 거야. 상대방이 생각할 때 네가 부족한 인간이라면 네가 준 너에 대한 정보를 통해 너를 더욱 깔아뭉개려 할 거야. 네가 생각보다 괜찮은 인간이라면 네가 준 정보를 통해 너를 끌어내리려 할 것이고.

사람을 그렇게 못 믿어서 어떻게 하느냐며 물을지도 모르지만, 조심하는 것은 언제나 최고의 방어이자 공격 기술이란다. 상대방이 성인군자 같을지라도 상대방에게 너에 대한 정보를 과하게 주지 않음으로써 네가 손해 볼 일은 전혀 없단다.

이름과 사회적 지위만 알아도 너에 대한 거의 모든 것을 찾아낼 수 있는 세상이다. 너에게 공격하는 그 사람들은 방 안에 앉아 맥주를 마시며 간단히 키보드를 두드리는 것만으로도 네가 그동안 쌓아놓은 모든 명예를 실추시킬 수 있단다.

아빠는 말한다.

잘 모르는 사람들에게

너에 대해 너무 많은 것을 알려주지 마라.

실패와 성공은
관점에 따라 달라진다

아빠도 실패했다는 생각에 좌절하며 술 마신 적이 많단다. 언제나 세상이 끝난 듯한 기분이었지.

하지만 오랜 시간이 지난 후 그것은 실패가 아니었음을 깨달았어. 그 실패가 없었다면, 그리고 그 아픔의 시간이 없었다면, 다음의 성공은 없었을 테니까.

실패와 성공의 문제는 당연하게도 이런 생각 하나에 한정되지 않는단다. 성공이라고 생각한 많은 것들 또한 훗날 생각해보면 실패였던 경우가 많지. 그때의 성공으로 말미암아 안주하고 나태해지면서, 제대로 된 길을 가지 못한 경우도 많았어. 하지만 이것은 실패했을 때 좌절해봐야 아는 것이고, 성공했을 때 거만해져봐야 아는 사실이지.

아빠가 해주고 싶은 말은 실패했을 때나 성공했을 때나, 그게 끝이 아님을 알기를 바란다는 것뿐이란다.

아빠는 말한다. **실패와 성공은 관점에 따라 달라진다.**

인생에 있는
몇 개의 한 방을 놓치지 마라

아빠가 말하는 한 방이란 로또가 아니야. 살다 보면 한 방을 잡을 기회가 몇 번 온단다.

첫 기회는 대입이다. 좋은 대학의 좋은 과를 나오면, 인생의 보증수표를 얻은 것과 같다. 다음 기회는 결혼이다. 좋은 사람을 배우자로 만날 수 있으면, 이 또한 남은 생애를 즐겁게 살 수 있는 보증수표란다. 그다음 기회는 직업에서의 탁월한 성과이다. 예컨대 학자에게 저명한 저널에 자신의 논문을 출판하는 것은 훗날 그의 여정에 둘도 없는 버팀목이 되어주지.

아빠가 이런 것들을 한 방이라고 하는 이유는 각각 하나의 일들이지만, 그것을 성취하지 못했을 때 불공평하다 할 정도로 불이익을 당하게 되기 때문이야. 그리고 그것을 얻지 못한 사람은 그것을 얻은 사람이 갖게 되는 삶의 이득을 얻기 위해 엄청난 수고를 감수해야 하기 때문이지. 애당초 그것을 얻기 위해 투자해야 하는 수고보다도 몇 배나 더한 피와 땀을 흘려야 한단다.

대입에서 좋은 성과를 내지 못한 경우 일단 취업 경쟁에서 자유롭지 못하게 되며, 좋은 대학 출신의 친구들에게 부심을 느끼는 경우가 많아. 자신이 능력도 뛰어난데, 자신이 열심히 하는데 좋은 대학 좋은 과를 나온 친구들이 자신과 비슷하거나 더 좋은 대우를 받는다면, 이보다 속이 뒤틀리는 일도 없을 거야. 그 친구보다 더 인정을 받기 위해서는 몇 배의 힘을 쏟아부어야 하지.

자칫 좋지 못한 사람과 결혼을 하게 될 경우 불행한 남은 인생을 감내해야만 한다. 그 사람과의 인연을 끊기 위해서는 정작 그 사람을 만날 때보다 더 많은 감정의 수고를 겪어야 해. 게다가 네가 미래가 촉망되는 그런 사람이라면, 상대방은 네가 그 능력으로 미래에 벌어들일 것들까지도 인연을 끊기 위한 보상으로 요구할 거야.

직업에서 탁월한 성과가 없다면, 참으로 고달픈 직장생활이 된단다. 계속 그 탁월한 친구와 비교되어 마음이 불편하고, 회사에서 인정받지 못하는 자신의 모습에 자기 자신조차 실망하게 되지. 온갖 잡일과 야근은 다 도맡아서 하는데, 정작 중요하고 의미 있는 그런 업무는 탁월한 능력을 한 번 보여줬던 그 친구에게 갈 뿐이야. 자신은 사람들에게 단지 열심히 하는 성실한 직원일 뿐이고, 자신의 업적을 보여줬던 그 친구는 탁월한 인재이지. 성실함만으로 탁월함에 대한 인식을 뛰어넘기란 힘들어.

그것들은 인생에서 로또와 다름없단다. 그것들을 놓쳤을 때 닥치는 힘든 인생을 생각하면, 그것은 로또보다 더 큰 한 방일 거야.

그렇기에 이 한 방이라는 것들을 놓쳐서는 안 된다. 이 한 방들을 얻기 위해서는 엄청난 준비와 인내가 필요해. 오랜 시간 학업에 정진해야 하며, 오랜 시간 사람을 보는 눈을 익혀야 하며, 오랜 시간 자신의 업무에 대해 고민해야 한다.

다시 말하지만, 이 한 방들을 얻지 못했을 경우, 아주 커다란 불이익이 너에게 주어진다. 그저 초중고 때 공부한 것을 평가하는 대입, 그저 사랑하는 사람과의 결혼, 그저 업무를 하며 생기는 뛰어난 성과물, 그저 그런 것들일 수도 있을 거야. 하지만 전혀 그렇지 않다.

아빠는 말한다.

인생은 한 방이다.

이 한 방을 놓친다면,

그것은 당첨된 로또를 잃어버린 것과 같다.

실리와 체면 중 선택해야 한다면
실리를 택해라

　실리와 체면 둘 다 살려줄 수 있는 일들만 있으면 좋겠지만, 세상은 그리 호락호락하지 않아서 많은 일은 실리와 체면 둘 중 하나를 선택해야 하는 기로에 놓인다.

　그럴 때는 실리를 택하거라. 잠시 너의 자존심에 상처를 입더라도 실리를 택하거라. 하지만 여기에서 조심해야 할 것이 있는데, 실리라는 것이 반드시 눈앞의 이익만을 이야기하는 게 아니라는 거다. 앞으로 먼 훗날을 생각해보고, 그 미래의 시간에 지금의 이득이 정녕 너에게 이익이 되는 것인지 곰곰이 생각해볼 필요가 있어. 지금 당장에는 이익이 될지라도 먼 훗날 독이 되거나 아무런 이득이 되지 못하는 것이 많단다. 그런 것들은 실리라고 할 수 없으며, 그럴 때는 체면, 즉 너의 자존심을 택하는 것이 현명하지.

아빠는 말한다.

실 리 와　체 면　중　선 택 해 야　한 다 면　실 리 를　택 해 라 .

논리적 근거는
최고의 방패이다

어떤 일을 할 때 주저하는 경우가 많다. 마음에서 하는 말에 귀를 기울인다면 그 일을 하는 것이 선뜻 내키지 않지만, 불가피하게 그 일을 할 수밖에 없는 상황에 처하는 경우가 많지.

마음에 내키지 않는 일을 할 때는 반드시 후에 있을 사달에 대비해 너를 위한 방패를 준비해두거라. 너의 의지에 반하여 일이 진행될 수밖에 없었음을 보여줄 문서나 자료를 남겨놓아야 한다. 그런 성격의 것들이 아니더라도 논리적 근거에 따라 일이 그렇게 진행될 수밖에 없다는 증거를 남겨놓거라.

그럴 일이야 없으면 좋겠지만 만에 하나 훗날 그 일이 문제 될 경우, 힘들지 않게 위기에서 벗어날 수 있지. 그리고 위기가 올지도 모른다는 불안감에서 벗어나 편안한 마음으로 일상에 임할 수 있단다.

아빠는 말한다. **논 리 라 는 방 패 를 항 상 준 비 해 라 .**

삶은 언제나
약간은 즐거워야 한다

슬프지 않은 하루라 할지라도 그저 그런 하루, 기뻐할 일이 없는 하루는 너를 지치게 만들고, 너 자신에게 인정받고자 하는 너의 마음에 생채기를 조금씩 낸다.

그러다가 시간이 지나고 나면, 인생 사는 게 다 그런 거라느니 하며 인지부조화의 방어기제를 발동시키게 된다.

그렇기에 삶은 언제나 약간은 즐거워야 해. 많이 즐거운 것은 위험하단다. 큰 즐거움에 중독되어버리면, 일상에서 자주 일어나는 약간의 소소한 즐거움을 느낄 수 없는 상태가 되어버리지. 그러니 약간의 즐거움이면 충분하다.

주위를 둘러보면 약간의 즐거움을 유발하는 것이 많다. 소소한 기쁨들을 찾거라. 네가 살아 있다는 것을 증명하는 소소한 기쁨들을 느껴보거라.

소소한 기쁨들은 세상 곳곳에 널려 있단다. 하지만 그것들을 찾아낼 수 없다면, 너 자신이 스스로 소소한 기쁨들을 만들어도 좋다. 내일 너에게 소소한 기쁨의 열매를 맛보게 해줄 씨앗을 오늘 뿌리거라. 작은 기쁨의 즐거움을 한번 느끼기 시작하면, 네 주위에 널린 소소한 기쁨 또한 느낄 수 있을 거야. 바람이 불지 않는다면 직접 노를 젓거라.

아빠는 말한다.

삶은 언제나 약간은 즐거워야 한다.

선블록을 발라라

나이 들어 보여 좋을 것은 없단다. 사람의 얼굴이 본래의 나이보다 늙어 보이거나 젊게 보이는 것은 햇볕 때문이다. 밖에서 일하며 자외선에 노출되는 시간이 많을수록 얼굴은 늙어 보인단다.

늙어 보이지 않는 가장 간단한 방법은 항상 얼굴에 선블록을 바르는 거야. 괜한 것들에 돈 쓰지 말고, 선블록이나 꾸준히 바르거라. 시간이 흐르면 흐를수록, 너는 나이보다 젊어 보일 거야.

선블록은 노화 방지 효과가 증명된 얼마 안 되는 약품 중 하나란다.

아빠는 말한다. **선 블 록 을 발 라 라 .**

두려워하지 마라

두려워하지 말거라. 세상에 두려워할 만한 것은 아무것도 없으니까. 하다 하다 안 되면, 그만하면 된다. 그 일은 그만두고, 다른 일 하면 그만인 거지.

세상에는 할 수 있는 일이 셀 수 없이 많고, 그중에서 하나 안 되었다고 절망할 필요도 없다. 그러니 미리 겁먹고 두려워할 필요는 없어.

인생 전체가 그렇단다. 만날 되는 일도 없고 일이 잘 안 풀린다고 해서, 인생이라는 것에 두려움 느끼면서 움츠린 채 다닐 필요는 없어.

아직 살아 있다는 것만으로도 대단한 거야. 이 사실 하나만으로도 네가 아주 잘 살고 있다는 방증이거든.

아빠는 말한다. **두 려 워 하 지 마 라 .**

스마트폰을 멀리해라

스마트폰에는 다양한 기능이 있다. 메일도 확인할 수 있고, 전자 책도 볼 수 있어. 그 외에도 스마트폰에는 재미있는 것이 많아. 인터 넷도 할 수 있고, 다른 사람들과 이야기를 나눌 수 있지. 게임도 할 수 있고.

스마트폰은 사람을 유혹하지. 일상 업무에서 벗어나 즐거운 세상 으로 너를 끌어당긴다. 그리고 스마트폰은 항상 가까이 있는 만큼 유혹에 빠지기 쉬워. 일하면서도, 걸으면서도, 아이를 보면서도 스 마트폰을 보게 된다. 스마트폰이 없으면 불안하고, 무슨 일이 생길 것만 같지.

스마트폰은 전화 통화, 문자, 메일 확인, 전자책 읽기 정도의 목적 으로만 사용하거라.

너의 삶을 향한 집중을 스마트폰으로 흩뜨리지 말거라.

아빠는 말한다. 스마트폰을 멀리해라.

너의 위치를 알아라

국제화 시대인 오늘날, 전 세계 어느 곳에서 어느 일이 일어나는 가를 단숨에 알 수가 있지.

너의 꿈이 어느 곳까지 이를지는 모르겠구나. 아주 큰 꿈을 가져도 좋고, 아주 작은 꿈을 가져도 좋다. 네가 그 꿈을 믿는다면 말이다.

이 이야기의 시작은 아빠의 어린 시절로 거슬러 간단다. 아빠가 처음으로 자동차를 타던 날이 기억나. 과학 선생님의 자동차를 타고, 군청 소재지에서 열리는 대회에 참석했던 날이었지.

그날 차를 타고 대회 장소로 향하면서 아빠의 머릿속에는 대회에 대한 걱정이 아니라 차에서 어떻게 내려야 할지에 대한 근심뿐이었어. 차 문은 닫혀 있는데, 차가 도착하면 문을 어떻게 열어야 하는지 알 수 없었지. 선생님께 문을 어떻게 여는지 여쭤볼 수도 있겠지만, 아빠는 그런 말로 집에 차가 없다는 것을 들켜버리는 걸 참아낼 수 있을 만큼 숫기 있는 아이가 아니었단다. 도착지에 가까워질수록 아빠의 스트레스는 더욱 커져, 차에서 내릴 때 얼굴이 사색이 될 정도였어. 결국 차에서 내리지 못하는 아빠의 모습을 보고 선생님께서 문을 열어주셨지.

항상 그래왔다. 결핍은 결핍 그 자체보다도, 그 결핍이라는 게 어느 정도인지 가늠할 수 없다는 공포가 아빠의 마음을 사로잡았어.

피자를 먹으러 처음 갔을 때, 비행기를 처음 탔을 때, 호텔을 처음 가보았을 때, 외국인들과 이야기를 처음 나누었을 때, 언제나 아빠에게 결핍되었던 것들에 대한 공포가 되살아났어. 누군가가 "다 처음에는 그런 거야"라고 말해주었으면 좋았을 것을! 하지만 주위의 사람들은 당연한 듯이 모든 것을 하고 있었고, 아빠는 그런 사람들 앞에서 주눅이 들었다.

너의 위치를 파악하는 가장 좋은 방법은 경험하는 거란다. 다양하고 풍부한 경험을 국내에서 그리고 국외에서 쌓다 보면, 어느 때인가 전 세계 모든 사람 중에서 나의 현실이 어느 정도인지 가늠할 척도를 얻을 수 있을 거야.

하지만 꽤 나이가 들기 전에 이러한 경험을 쌓기란 쉽지 않아. 그렇기에 몇 가지 이야기를 들려주마.

우선 세계의 여러 나라 중 우리나라의 위치는 상위 정도란다. 우리나라에서의 최상위 그룹은 세계에서도 최상위 그룹에 속한단다. 우리나라에서 최하위 그룹은 세계에서 중하위 그룹에 속하지. 우리

나라에서 최고 그룹에 속한다면, 조금 더 노력하면 세계에서 최고 그룹에 속할 수 있어.

아빠의 어린 시절에는 지금처럼 인터넷이 없었기에 다른 사람들이 어떻게 사는지 알기 어려웠지만, 네가 보내는 어린 시절에는 주위 사람들의 삶을 쉽게 들여다볼 수 있기에 우리나라에서의 네 위치를 금방 알 수 있을 거야.

아빠는 말한다.

너의 위치를 알아라.

그러고 나면 네가 어떻게 해야 할지

더욱 분명히 보일 것이다.

노예근성에 젖지 마라

노예근성은 노예 제도가 없던 때부터 시작되었을 거야.

공동체 안에는 공동체에 도움 되는 일원이 있고, 해가 되는 일원이 있고, 도움도 해도 되지 않는 일원이 있지.

공동체가 강성해지려면 공동체 구성원의 수가 많아야 해. 그렇기에 해가 되는 일원도 교화를 해서 공동체 안에 머물게 해야 하며, 도움도 되지 않고 해도 되지 않는 일원 또한 감싸 안아야 하지.

그런 까닭에 공동체에서는 해가 되는 일원을 대상으로 하는 형벌을 만들며, 도움도 되지 않고 해도 되지 않는 일원이 살아갈 수 있게 일련의 제도를 만들었어.

이런 제도 속에서 구성원 중 일부는 착각에 빠지지. 자신이 열심히 하지 않고, 공동체에 기여하지 않아도 공동체에서 자신들을 부족함 없이 살아갈 수 있게 만들어주기 때문이야. 누군가가 자신에게 일을 주지 않으면 일을 하지 않고, 자신에게 주어진 일을 적절히 다 하고 나면 자신의 소임을 다했다고 생각하지.

잊지 말거라. 인간 또한 생명체의 하나이며, 인간이라는 공동체가 유지되고 번성하기 위해 그리 쓸모없는 일원들을 감싸고 있는 것임을!

네가 진정 공동체의 구성원이 되고자 한다면, 공동체에 도움 되는 사람이 되어야 한다. 공동체에서 만든 제도에 의존하여 살아가며, 남이 시키는 일이나 해내는 것은 좋지 않아. 영화에 가끔 등장하는 설정처럼, 어쩔 수 없는 상황 때문에 인류라는 공동체의 구성원 중 일부만 생존할 티켓을 나누어준다면, 공동체에 해가 되거나 쓸모없는 사람보다는 도움 될 사람한테 나눠주게 되지 않을까?

아빠는 말한다.

노예근성에 젖지 마라.

삶이 너무 평화롭다고 느껴진다면,
어딘가에서 큰 문제가 생긴 것이다

우리가 편안하고 아늑한 그런 삶을 꿈꾸지만, 세상은 완전하지 않고, 역사상 그 누구에게도 세상은 그런 삶을 허락한 적이 없다.

그렇기에 너에게 아무런 걱정과 근심이 없이 모든 것이 잘되어가고 있다면, 주위에 벌어지고 있는 일들을 제대로 파악하지 못하고 있는 거야.

너의 삶이 너무나 평화로워졌다면, 어디에선가 무슨 일이 벌어지고 있음을 의미하지.

세상은 네가 평화로이 살도록 두고 보지 않는단다. 언제나 너에게 줄 짐을 준비하고 있는 게 세상이란다.

아빠는 말한다.

삶이 너무나 평화롭다고 느껴진다면, 주위를 살펴라.

네가 모르고 있었던 위험들을 살펴라.

행운의 여신이
너를 잊지 않도록 해라

사람이 마치 누에고치처럼 갇혀 지내다 보면, 세상이 너를 잊게 된다.

여러 갈등과 고민을 없애는 데 혼자 되기만큼 좋은 것도 없지. 하지만 그렇게 갇히길 원하는 삶의 자세는 너의 다양한 미래 또한 막아버려. 행운의 여신 또한 네가 어디에서 무엇을 하는지 모르고, 네가 무엇을 갈구하는지 눈치챌 수 없어.

가끔은 새로운 것들을 찾아 나서야 해. 물론 항상 새로운 것을 찾아 나서는 것은 미친 짓이다. 가끔 삶이 타성에 젖고 나태해지는 느낌이 든다면 그때가 새로운 것을 찾아 나설 때란다.

여행도 좋고, 새로운 동호회에 가입하는 것도 좋겠지. 이것저것 새로운 것들을 마주하다 보면, 네가 살아 있다는 느낌도 받고, 가끔 네 인생을 한층 더 업그레이드시킬 새로운 아이디어를 얻을 수도 있을 거야.

아빠는 말한다.

너무 갇혀 있지 말고, 새로운 것을 찾아라.
행운의 여신이 너를 잊지 않도록 해라.

사치와 허영을 경계해라

사치와 허영은 남에게 인정받고자 자신한테 받는 인정을 포기하는 거야. 옷은 추위로부터 자신의 몸을 지켜주면 그만이고, 집은 외부로부터 자신과 가족을 지켜줘 편히 잘 수 있으면 그만이지. 음식은 배가 고프지 않으면 그만인 거고.

불필요하게 비싼 차와 큰 집을 구하지 말거라. 안전한 것이라면 어떠한 차도 좋고, 안전한 곳이라면 어떠한 집도 좋다.

온몸에 너덜너덜하게 이것저것 사치품 달고 다니지 말거라. 꾸민다는 것은 역설적으로 본래 그 자체가 부족하다는 것을 의미한단

다. 그 자체만으로도 아름답고 최고인 것들은 더 이상의 꾸밈이 필요 없는 법이다.

그렇기에 사치와 허영을 부린다는 것은, 자신이 그만큼 못나고, 알맹이가 부족한 사람임을 몸소 말해주는 거야. 그리고 사치와 허영은 자신에게 인정받고자 하는 욕구를 점점 억압하여 어느 순간 자신의 마음이 그 억압을 참지 못해 들고 일어나게 하지.

진주목걸이를 하여도 돼지는 돼지일 뿐이다. 사치와 허영보다는 너라는 사람의 내적 성장에 힘쓰거라. 너 자신의 지혜와 마음을 반짝이고 단단한 다이아몬드로 만들거라.

아빠는 말한다.

사 치 와 허 영 을 경 계 해 라 .

업무와 사생활을 분리해라

집에서 공부하지 말거라. 공부는 학교나 도서관에서 하는 거다. 회사 일을 집에 갖고 들어가지 말거라. 회사 일은 회사에서 하는 거다.

기본적으로 공부나 업무나 집에서 하는 것은 아주 비효율적이고, 삶의 질을 많이 떨어뜨린다. 그리고 공부나 업무를 집에 끌어들이는 것은 학교나 회사에서의 효율 또한 떨어뜨린다. 그러니 공부는 학교에서, 업무는 회사에서 하거라.

오늘 마치지 못한 공부가 있다면 내일 학교나 도서관에 가서 하고, 오늘 마치지 못한 업무가 있다면 내일 회사에 가서 해라.

이 두 가지를 분리시키지 못하면, 두 가지 모두 망하게 된단다.

아빠는 말한다. **업무와 사생활을 분리시켜라.**

한 사람과 여러 사람은 다르다

사람은 여러 그룹에 속해 있다. 직업, 국가 등이 그것이지.

각각의 그룹에 대해 우리는 어느 정도 자신의 입장을 갖고 있어. 한 예로 일본과 독일 등에 대해서는 예전에 그들이 벌인 사람으로서는 도저히 저지르기 힘든 만행을 우리는 알고 있고, 그것을 기반으로 그 국가를 평가한다. 사람들은 특정 직업에 대해서도 일반적인 견해를 갖지. 돈만 아는 집단, 예의 없는 집단, 막장 집단 등 우리는 그룹이라는 것에 어느 정도 공통되는 입장을 가지고 있어.

하지만 어떤 사람이 그 집단에 속해 있다고 해서, 선입견을 가지고 사람을 보지 말거라. 집단마다 분포의 스펙트럼이 존재하기 때문에, 서로 다른 집단에서 한 사람을 뽑아서 비교했을 때, 너의 선입견이 맞을 확률은 그리 높지 않단다.

네가 마음에 들어 하는 그 사람은 그가 어떤 그룹에 속해 있어도 꽤 괜찮은 사람일 거야.

어떤 한 사람에게 "너의 그룹은 예전에 이런 잘못을 저질렀으니, 너도 쓰레기야"라고 말하지 말거라. 어떤 한 사람에게 "네가 쓰레기인 것을 보니, 네 그룹도 쓰레기다"라고 말하지도 말거라. 반대의 경우도 마찬가지야. 괜찮은 그룹의 일원이라 해서 그 사람이 괜찮은 것은 아니다. 그 사람이 괜찮다고 해서, 그 사람이 속한 그룹이 괜찮은 것 또한 아니다.

물론 우리는 이 사실을 잘 알고 있지. 당연히 한 사람과 그 사람이 속한 그룹은 다른 차원의 문제라는 것을 말이다. 하지만 살다 보면 이 사실을 너무 자주 잊곤 하지. 특정 직업군에 속한 한 사람의 잘못에 대하여 그 직업군에 속한 모두를 싸잡아 욕하고, 한 국가의 잘못을 가지고 그 국가에 속한 한 사람에게 비난을 쏟아붓잖니.

한 사람과 여러 사람은 다르다. 개개의 사람을 바라보는 눈과 사람들이 모인 집단을 바라보는 시선은 별개여야 한다.

아빠는 말한다. **한 사람과 여러 사람은 다르다.**

경제 흐름의 큰 판을 읽어라

돈 없이 살 수는 없다. 돈을 벌기 위해서는 경제 흐름의 큰 판을 읽어야 해.

주위에서 들리는 이야기들 말고, 눈앞에 벌어지는 일들 말고, 신문기사에 등장하는 뉴스 말고, 판을 읽거라.

먼저 미국 연방준비제도의 역사와 현재 시스템에 대해 숙지하거라. 기축통화인 달러의 흐름은 한국의 돈인 원화의 흐름을 보여준단다. 실질적 가치를 지닌 금 본위제에서 달러 본위제로 변환하는 역사를 살펴보면, 다가오는 위험을 감지할 수 있단다. 여유가 된다면 국제 금융 시스템의 근간인 바젤 시스템에 대해서도 알아두면 좋을 거야.

다음으로 중국 자금의 흐름에 대해 파악하거라. 중국 자금의 흐름은 한국 금융과 부동산의 흐름 그 자체라고 해도 과언이 아니다.

그다음, 미중 무역전쟁에 관심을 가져라. 전쟁이라 표현하는 것이 적절치 않을 정도로 일방적이지만, 눈을 크게 뜨고 잘 봐두거라. 반도인 한국은 미중 무역전쟁의 전쟁터이다. 마치 여러 회선이 한 곳으로 모였다가 다시 갈라지듯, 한국은 모든 세계 경제가 집적되었다가 분산되는 곳이다.

미국, 중국, 일본, 러시아, EU, 영국, 호주, 북한 및 중동 세력들의 변화를 잘 살펴보거라. 그 안에서 들끓는 한국의 경제를 유심히 관찰하고 변화를 예측하거라. 네가 경제 활동을 시작할 앞으로 수십 년 후는 백수십여 년 만에 찾아오는 한국의 격변기란다.

마지막으로 정치 또한 경제의 일부임을 잊지 말거라. 정치는 돈의 게임이며, 돈이 없는 정치가는 일어서거나 지속될 수 없다. 정치는 경제에 구속되거든. 여기서 알아두어야 할 것은 어떤 세력들이 정권을 잡느냐에 따라서 파트너가 되는 경제 세력이 달라진다는 점이야. 어떤 정권의 파트너는 실물 경제 세력이며, 어떤 정권의 파트너는 화폐 경제 세력이다. 이것은 정권을 누가 잡았는지에 따라 어디에 투자해야 하는지를 말해주지.

이런 것들에 대해 숙지하고 나면, 주위의 어떤 이야기들에도 초연해질 것이며, 어떤 신문기사를 봐도 미소 짓거나, 비웃을 수 있단다. 이 모든 것이 준비되었다면, 경제적으로 성공할 수 있으며, 그것이 이루어지지 않더라도 네가 감내할 작은 실패로 끝날 거야.

아빠는 말한다. **경 제 의 큰 판 을 읽 어 라 .**

늘 세상은
금세라도 멸망할 것처럼 보인다

어르신들은 말하지.

"요즘 젊은 것들은 힘든 것을 몰라!"

"요즘 젊은 것들은 버르장머리가 없어!"

"요즘 젊은 것들은 끈기가 없어!"

어르신들의 말에 따르면, 조만간 그 젊은이들이 이끌어가는 시기에, 세상이 엉망이 되어버릴 것만 같아.

사람들은 말하지.

"저런 세력들이 날뛰다가는 우리나라 망할 거야."

"북한이 저렇게 미국 건드리다가는 핵전쟁 나지."

"이러다가는 먹을 것도 없이 다 굶어 죽게 생겼어."

사람들의 말에 따르면, 조만간 큰일이 생겨 우리 모두 길거리에 나앉아 식량을 구걸하러 다녀야 할 것 같아.

뉴스는 말하지.

"얼마 전 소행성이 간발의 차이로 지구를 피해 갔습니다."

"얼마 전 태양의 흑점 폭발에 의해 발생한 거대한 에너지가 지구를 빗겨 갔습니다."

뉴스에 따르면, 조만간 지구가 멸망하는 것은 불 보듯 뻔해 보인다. 아무리 운이 좋다 한들, 어찌 계속되는 저런 대위기를 피해 갈 수 있을까?

언제나 세상은 금세라도 멸망할 것처럼 보여. 주위의 모든 것 중 안전해 보이는 것이 하나도 없지 싶다.

하지만 세상은 멸망하지 않는다. "요새 젊은 것들은 버릇이 없다"는 어르신들의 말은 인류의 탄생 이래로 언제나 있어왔지. 그 젊은이들이 만든 세상은 이전의 세상보다 좋았어. 세상이 멸망하고 지구가 초토화되거나 사라질 것이라는 저 불안감 또한 인류의 탄생 이래로 언제나 있어왔지만, 지구는 멸망하지 않고 문명의 진화를 이루어왔어.

세상이 안 좋게 변할 것이라는 걱정은 집어치우거라. 세상은 점점 좋아지고, 살 만한 곳이 되고 있어. 그러니 단지 너의 삶에 집중하거라. 너의 삶이 끝나기 전에 세상은 멸망하지 않을 거야.

아빠는 말한다.

세 상 은 언 제 나 멸 망 할 것 처 럼 보 인 다 .

뛰어라

뛰어라.

쉬고 싶어도 뛰어라.

때가 되면 쉬어야 할 시간이 다가온다.

계속 뛰어라.

쉬지 말고 뛰어라.

뛰고 싶어도 뛸 수 없는 날이 다가온다.

쉬기 싫은데, 쉬어야만 하는 날들이 다가온다.

아빠는 말한다.

뛰 어 라 .

살아라

살아라.

마음 굳게 먹고, 독하게 살아라.

절벽에 드리운 지푸라기라도 잡고 살아라.

욕을 처먹더라도 끈질기게 살아라.

비굴하게라도 살아라.

어쨌든 살아라.

죽지 말고 살아라.

살아라.

너의 세상 속에, 너의 우주 속에 살아라.

너의 시간 속에 살아라.

아빠는 말한다.

살 아 라 .

심연을 마주할 것 같으면
고개를 돌려라

심연(深淵)이라는 곳이 있어. 아무것도 보이지 않는 질흙 같은 어둠으로 덮인 그곳. 한 번 빠지면 빠져나올 수 없는 그곳.

살다 보면, 자신이 심연으로 빨려 들어가고 있음을 깨달을 때가 있지. 본능적으로 느끼게 될 거야. 저 앞에 심연의 눈이 있음을. 저 앞에 모든 것의 끝이 있음을.

심연을 마주할 것 같으면 고개를 돌려야 해. 심연이 너를 바라보지 못하도록 해야 한다. 하지만 세상 일이라는 것이 그렇게 네 뜻대로 되지는 않을 거야. 세상은 그런 곳이니까.

언젠가 심연의 눈을 만나게 될 거야. 아무리 눈을 피해도, 아무리 고개를 돌려도, 아무리 도망쳐도, 심연의 눈을 피할 수 없는 때가 찾아올 거야. 그럴 땐 고개를 돌리렴.

아빠는 말한다.

심 연 을 마 주 할 것 같 으 면 고 개 를 돌 려 라 .

눈을 감고 바라봐라

아들아, 들판에 편히 누워서 눈을 감자.

처음부터 모든 것을 다시 한번 생각해보자.

세상이 온통 어둡지? 우주는 원래 어둠 속에 뒤덮여 있다. 어둠을 뚫고, 어둠을 뚫고, 앞으로 가자.

저 앞에 활활 타오르는 커다란 불덩이가 보이지? 태양이다. 모든 생명체의 근원, 힘의 근원이지.

그리고 저 한편에서 지구가 태양의 주위를 돌고 있다. 그리고 지구의 주위로 달이 지구를 돌고 있다. 한 치의 오차도 없이 아름답게 돌고 있지.

좀 더 가까이 가보자.

지구는 흙색의 육지와 푸른 바다가 있어. 그리고 그 위로 구름이 소용돌이치면서 돌고 있지. 참 아름다운 모습이야. 누구의 작품인지 참으로 대단하지 않니?

좀 더 가까이 가보자.

육지 중 하나의 대륙 끝자락 반도가 보이는구나.

그리고 반도의 어느 들판 위에 누워 있는 너 자신을 바라보거라.

너 자신의 눈을 마주하거라.

너에게 아픔과 고통과 슬픔을 가져다준 존재는 무엇이지? 무엇이 너를 아프게 하는 거지?

　그래. 그 사람이구나. 그 사람들이구나. 그들이 너를 아프게 하는구나. 그들이 네 마음에 아주 큰 생채기를 냈구나.

　어쩌다가 그런 사람들을 마주하게 되었을까? 어쩌다가 그런 몹쓸 사람을 만나게 되었을까? 어떤 운명이, 어떤 우연이 나와 그 사람을 만나게 했을까? 어째서 나 같은 사람이 태어났을까? 어째서 내 아빠와 엄마가 만나게 되었을까? 어째서 사람이라는 존재가 세상에 나게 된 것일까? 어떻게 우주는 시작된 것일까?

아빠는 말한다.

눈을 감고 바라봐라.

눈을 뜨고 바라봐라

저 하늘에 구름이 흘러간다. 양의 털 모양을 한 구름이, 새의 깃털 모양을 한 구름이 흘러간다. 구름은 물로 이루어져 있다고 해. 물이 없으면, 생물들이 자랄 수 없다고 하지. 그렇다면 나도 없었을 거야.

하늘에 태양이 떠 있다. 태양은 동쪽에서 떠서 서서히 서쪽으로 향한다. 태양은 마치 나를 둘러싼 반구 위를 돌고 있는 듯 느껴지지만, 사실은 내가 등지고 누워 있는 이 지구가 태양 주위를 돌고 있다고 해. 저 태양이 지금 보이는 것보다 조금만 멀리 있다면, 지구는 너무 추워 아무런 생명체도 생기지 않았을 거라고 한다. 저 태양이 지금보다 조금만 더 가까웠다면, 지구는 너무 더워 아무런 생명체도 생기지 않았을 거라 한다. 그렇다면 나도 없었을 거야.

얼굴을 스치는 바람을 느껴보자. 바람은 공기의 대류 현상 때문에 일어난다지. 공기가 없다면, 그렇다면 나도 없었을 거야. 공기 중에 산소가 없다면, 아니 지금보다 적거나 많다면, 그렇다면 나도 없었을 거야. 공기 중에 유해 가스가 있었다면, 그렇다면 나도 없었을 거야.

고개를 돌려 들판에 핀 꽃들과 풀들을 바라보자. 그리고 꽃과 풀들의 향기를 맡아보자. 저 꽃들이 없었다면, 저 풀들이 없었다면, 초식동물이 생기지 않았을 테고, 그렇게 되면 육식동물도 생기지 않

앉을 거라 한다. 그렇다면 나도 없었을 거야.

꽃과 풀들 사이의 날아다니는 꿀벌을 보자. 꿀벌이 없다면 식물들이 수정되지 않아 생태계가 깨진다고 한다. 그렇다면 나도 없었을 거야.

저 땅밑에는 엄청나게 많은 박테리아가 있다고 한다. 그 박테리아가 없다면, 죽은 생명체가 분해되어 흙 속의 영양소로 돌아가지 못한다고 해. 그렇다면 나도 없었을 거야.

어둠뿐인 저 우주에 태양이 있고, 그 태양을 기막히게 적절한 거리를 두고 공전하는 지구라는 행성이 있는데, 그 지구라는 행성에는 기막히게도 물도 있고, 공기도 있고, 공기 안에는 산소도 있다. 게다가 공기 중에는 유독 가스도 전혀 없어 생명체가 생겨나기 가장 좋은 조건이라고 한다. 그리고 초기 생명체들이 진화하여 어류가 되고, 양서류가 되고, 파충류가 되고, 포유류가 되었다고 한다. 그리고 기막히게도 그 포유류들 중 우연히 머리가 크고, 손을 움직이는 종이 생겼고, 그래서 내가 존재한다고 한다. 지구라는 행성의 존재 자체가 기적이며, 그 안에서 살아가는 나라는 존재 자체 또한 기적이지.

모든 물체는 어느 일정한 공식에 따라 서로 당기는데, 오묘하게

도 적절한 만유인력 덕분에 지구는 태양의 주위를 공전하고, 달은 지구 주위를 공전하고, 나도 지구의 표면에 달라붙어서 저 멀리 우주로 날아가지 않는다고 한다. 그리고 이 오묘하고도 적절한 만유인력의 힘 덕분에 내 몸은 땅에 달라붙어 종잇장처럼 납작하게 되지 않는다고 한다.

지구가 태양 주위를 돈다는데, 아무리 봐도 태양이 지구 주위를 도는 것만 같다. 태양은 그저 동쪽에서 떠서 서쪽으로 질 뿐이다.

지구는 공과 같은 구체의 모양이라는데, 아무리 봐도 그저 평평한 모양만 보일 뿐이다. 들판도 평평하고, 해변에서 바라본 저 수평선도 그저 평평하다.

이 우주는 아주 넓다는데, 생각도 하지 못할 정도로 아주 넓다는데, 그래서 이 넓은 우주에 우리만 있다면 엄청난 공간의 낭비라는데, 아무리 하늘을 올려다봐도 우주에서 날아온 외계인의 우주선은 볼 수가 없다.

인간의 발전 속도는 점점 빨라지고 있다는데, 인간의 능력은 무한하다는데, 아무리 기다려도 미래에서 타임머신을 타고 온 미래의 사람들을 만날 수가 없다. 제1차 세계대전이 일어나고, 제2차 세계대전이 일어나고, 많은 사람이 고통 속에 죽어가도, 미래의 사람들

은 과거로 와서 전쟁을 막아주질 않는다. 아무도 서로의 것을 빼앗고 서로를 죽이는 잔혹한 지금의 우리를 찾아오지 않는다.

저기 어딘가에 신이라는 존재가 있다는데, 모든 것을 할 수 있다는 신이라는 존재는 우리 인간들을 세상 어느 것보다도 사랑한다는데, 힘들다고 더 이상은 못 버티겠다고 네가 아무리 간절히 애원해도, 신은 네 앞에 한 번도 모습을 보인 적이 없다. 잘못된 길을 가고 있는 것 같다고, 바른길로 가고 싶다고, 길을 보여달라고 간절히 아무리 애원해도 신은 네 앞에 한 번도 모습을 보인 적이 없다.

그 넓고 광활한 어둠뿐인 우주가 있는데, 마침 타오르는 태양이 있고, 마침 지구가 있고, 마침 만유인력이 적절하고, 마침 땅도 있고, 마침 물도 있고, 마침 공기도 있고, 마침 공기 안에 산소도 적절히 있고, 마침 온도도 적절하고, 마침 꽃과 풀도 있고, 마침 꿀벌도 있고, 마침 땅속에 박테리아도 있어서, 마치 기적 중의 기적과도 같이 네가 여기에 존재하게 되었다.

그런데 더 이상의 기적은 일어나지 않는다. 아니, 그것은 기적이 아니라 당연한 것들이다. 외계인이 나타나고, 미래의 인간이 찾아오고, 신이 곁에 있어주는 것은 자연스럽게 일어나야만 하는 당연한 것들이다. 하지만 그런 당연한 일들은 일어나지 않은 채 기적처

럼 일어나기 힘든 일들이 벌어졌을 뿐이다.

최선을 다했는데, 이길 수 없었다. 사랑했는데, 실연을 당했다. 진심으로 믿었는데, 배신을 당했다. 너의 잘못인지, 다른 사람의 잘못인지 알 수 없다. 네가 잘못된 것인지, 세상이 잘못된 것인지 알 수 없다.

그리고 너는 여기 심연의 눈 속에 갇혀버렸다.

우주가 그토록 헤아릴 수 없이 넓다면, 시간이 그토록 헤아릴 수 없이 길다면, 그리고 인간이 그토록 중요한 존재라면, 우주는 왜 너를 여기 심연의 눈 속에 가두었고, 왜 이곳 심연의 눈 밖으로 나가지 못하게 하는 것일까?

아빠는 말한다. **눈을 뜨고 바라봐라.**

눈을 뜨고 생각해봐라

아주 오래전부터 빛이란 인간의 꿈이었고, 인간은 빛을 좇았다. 빛은 모든 것의 근원이었다.

그렇기에 사람들은 빛이란 무엇인가 굉장히 궁금해했지. 어떤 사람들은 빛은 입자라고 했고, 어떤 사람들은 빛은 파동이라 했단다.

그러던 어느 날 한 현자가 실험을 했어. 이중 슬릿이라는 장치를 만들어서 그 뒷편에 위치한 스크린에 비치는 무늬를 본 거야. 빛을 발사해 이중 슬릿을 통과하고 나니 마치 물결처럼 간섭무늬가 나타났다고 해. 그래서 사람들은 빛은 파동이라고 생각했지. 빛의 알갱이인 광자들을 연속해서 쏘아도 역시 간섭무늬가 보였어. 그래서 사람들은 더욱 빛은 파동이라 믿었어.

그러던 어느 날 다른 한 현자가 실험을 했어. 그는 이중 슬릿 장치의 뒷편에 광자감지기라는 장치를 추가로 덧붙였어. 광자감지기는 빛이 통과한 슬릿이 두 슬릿 중 어느 슬릿인지 말해주는 장치였지. 그렇게 광자를 쏘았는데, 스크린에 간섭무늬가 아닌 두 개의 줄이 생겼다고 해. 광자가 자기가 어느 슬릿을 통과하는지 광자감지기에 의해 자신의 존재를 들켜버렸을 때, 파동이 아닌 입자처럼 행동하기 때문이야.

그러던 어느 날 다른 한 현자가 실험을 했어. 광자감지기의 정보를 지워버리는 지우개를 광자감지기에 연결한 거야. 그렇게 광자를 쏘았는데, 스크린에는 다시 간섭무늬가 되살아났다고 해. 광자감지기에 의해 자신의 존재를 들키지 않은 광자가 다시 파동처럼 행동했기 때문이지.

그러던 어느 날 다른 한 현자가 실험을 했어. 그는 저 멀리 별에서 날아오는 빛을 가지고 실험을 했어. 그리고 광자감지기의 스위치를 켰다 껐다 하면서, 스크린에 비치는 무늬를 보았지. 광자감지기의 스위치를 켜자 스크린에는 두 개의 줄이 생겼어. 그리고 스위치를 끄자 스크린에는 간섭무늬가 생겼어. 저 멀리에서 날아온 빛이 광자감지기의 스위치를 켜고 끔에 따라, 입자가 되었다가 파동이 되었다가 하면서 변했지. 이와 같은 결과는 이중 슬릿이 저 멀리 우주에 있어도 상관없었어. 이중 슬릿을 통과해 멀고먼 길을 지나 지구에 왔다 하더라도 광자감지기가 켜져 있다면 입자가 되고, 꺼져 있다면 파동이 되지.

이처럼 빛은 자신의 존재를 들켰을 때 입자가 되고, 자신의 존재가 들키지 않으면 파동이

돼. 누군가 자신을 바라볼 때에 입자가 되고, 어느 누구도 자신을 바라보지 않을 때에는 파동이 돼. 여기서 입자가 된다는 것은 하나의 실재적 존재가 되는 상태이며, 파동이 되는 것은 실재하지 못하는 상태에 머물러 있음을 의미하지.

아빠는 말한다.

눈을 뜨고 생각해봐라.

내가 그의 이름을 불러주었을 때,
그는 나에게로 와서 꽃이 된다

정성스레 그림을 그린 적이 있어. 입을 오물거리며 그림을 그렸지. 나의 모든 마음을 쏟으며, 그림과 조각과 혼연일체가 돼.

그러면서 내가 그림의 존재를 알게 되고, 그림 또한 나의 존재를 알게 되지.

내가 그의 이름을 불러주었을 때, 그는 나에게로 와서 꽃이 된다.

네 주위의 모든 것은 이렇게 머물러 있다. 네가 바라보고, 관심을 가지는 것은 네가 바라보는 시선대로, 네가 가지는 관심대로 거기에 머물러 있지만, 너의 시선이 없다면, 너의 관심이 없다면, 그것은 거기에 존재하지 않아.

이 세상 모든 것이 이렇게 너의 주위에 머문다. 네가 인식하지 못하는 것은 마치 파동과도 같이 존재하지 않다가, 네가 인식하기 시작할 때에 입자가 되어 그 모습을 드러낸다.

이 우주의 모든 것이 이렇게 너의 주위에 머문다. 네가 생각하고 인식하는 대로 우주는 그 모습을 갖춘다. 네가 생각하므로 우주가 존재한다. 네가 세상 속에 머무는 것이 아니다. 네가 우주 속에 머무는 것이 아니다. 그것들이 네 주위에 머무는 것이다.

아빠는 말한다. **이 것 이 공 간 이 다 .**

우리는 우리가 생각하는 대로 된다

너는 현재에 산다. 그렇기에 존재하는 것은 현재일 뿐 과거와 미래는 존재하지 않는다.

네가 과거를 생각할 때, 그것은 현재에서 다시 살아나 현재가 된다.

네가 미래를 생각할 때, 그것은 현재에서 다시 살아나 현재가 된다.

그리고 너는 현재가 되어버린 과거와 미래를 살아간다.

네가 시간 속에 머무는 것이 아니다. 시간이 네 주위에 머무는 거야.

아빠는 말한다. **이 것 이 시 간 이 다 .**

네가 공간과 시간 속에 머무는 것이 아니다.
공간과 시간이 너에게 머무는 것이다

네가 공간과 시간 속에 머무는 것이 아니야.

공간과 시간이 너에게 머무는 거야.

그렇기에 너의 앞에 외계인이 나타나지 않고, 미래의 인간이 찾아오지도 않으며, 신이 너의 곁에 있어주지도 않는 거야.

아빠는 말한다.

그러니 혼자 서야 하는 거야.

너의 빛을 따르라

너의 빛을 따라가라.

세상으로 다시 나아가거라.
세상과 부딪치거라.
죽지 않고 아픔을 이겨내는 것.
그것이 사는 것이다.

다른 사람의 빛을 따라가지 말거라.
오롯이 너의 빛을 따라가거라.

아빠는 말한다. **너의 빛을 따르라.**

나의 아들에게

나의 아들.

처음으로 나에게 "아빠"라고 부르며 수줍게 웃던 나의 아들.

땀을 흘리는 나에게 다가와 흰 손수건으로 땀을 닦아주던 나의 아들.

집에 들어설 때면 언제나 달려와 내 품에 안겨 좋아했던 나의 아들.

아빠는 이렇게 말한다! 아들아, 아빠랑 놀자.

아들아,
삶에 지치고 힘들 때
이 글을 읽어라

초판 1쇄 발행 | 2024년 6월 26일
초판 3쇄 발행 | 2025년 1월 27일

지은이 | 윤태진 **펴낸이** | 전영화 **펴낸곳** | 다연
주소 | 경기도 고양시 덕양구 의장로 114, 더하이브 A타워 1011호
전화 | 070-8700-8767 **팩스** | (031) 814-8769 **이메일** | dayeonbook@naver.com
본문 | 미토스 **표지** | 강희연

ⓒ 윤태진

ISBN 979-11-90456-56-2 (03320)